나의
첫 번째
부동산

나의 첫 번째 부동산

1판 1쇄 발행일 2021년 4월 30일
지은이 서울경제 집슐랭, 김현정 | **펴낸이** 김민희, 김준영
편집 김민희, 김준영
디자인 이유진, 김명선 | **영업** 김영란
펴낸곳 두사람 | **등록** 2016년 2월 1일 제2016-000031호
팩스 02-6442-1718 | **메일** twopeople1718@gmail.com
ISBN 979-11-90061-27-8 13320

Published by TWOPEOPLE, Inc. Printed in Korea

오늘부터 시작하는 부동산 공부

나의 첫 번째 부동산

지음
서울경제 '집슐랭'
공인중개사 김현정

두사람

프롤로그 _

그 남자 그 여자의 집 구하기

'패닉바잉(공황 구매)', '영끌(영혼까지 끌어 모아 집을 산다)' 등 부동산 신조어가 20, 30대의 부동산 소비 심리를 자극하고 있다. 아직 결혼 계획이 없는 미혼 A씨도, 이제 갓 회사에 입사한 사회 초년생 B씨도 온통 집을 사야 하는지에 대한 고민뿐이다. 하지만 서울과 수도권 아파트 값은 최소 10억 원이라는 큰 돈이 있어야 구매가 가능하다. 지방의 주요 도시들도 상황은 다르지 않다. 아무런 준비 없이 무리해서 '영끌'을 한다면 삶의 균형이 무너질 수 있다.

부동산에 대한 구체적인 계획 없이 '일단 사고보자'는 사람들에게 조금이라도 도움이 되고자 서울경제에서 '집슐랭'이라는 유튜브 채널을 론칭하게 되었다. 기존 부동산 관련 채널들은 40, 50대에 맞춘 투자형 강의와 전문가 인터뷰가 중심인 반면, '집슐랭'은 20, 30대들의 눈높이와 취향에 맞춰 유용한 정보를 친근하게 전할 채널이다.

특히 부동산 메인 프로그램인 〈그 남자 그 여자의 집〉은 '내 집이 없는, 프리랜서'로 경제활동을 하는 두 사람, 20년간 음악 활동만 해온 아이돌 작곡가 박인우 씨와 역시 20년간 발레만 해온 발레리나 이주리 씨가 함께했다. 전문가에게 부동산 기초부터 하나하나 배우고 나서 30대들이 관심 있어 하는 지역부터 요즘 이슈가 되는 지역으로 임장을 다니며 실제 부동산 시장을 체험했다. 부동산 공부와 임장을 통해 당장 집을 살 계획이 없더라도 부동산에 대한 공부는 필수임을 깨달았다.

어떤 학문을 제대로 익히려면 기초와 응용이 수반되어야 한다. 부동산도 마찬가지다. 최소한의 기초 지식을 쌓은 후 현장에서 배운 것들을 자신에게 적용하고 또 응용해야 한다. 네이버 부동산만 검색해 본다거나 제대로 된 준비 없이 임장만 다닌다면 반쪽짜리 지식인 것이다.

이 책 『나의 첫 번째 부동산』도 같은 취지로 시작되었다. 부동산에 대해 공부하며, 임장을 다니며, 임장 후 알게 된 부동산 지식을 조금 더 구체적으로 정리하고 공유하고 싶었다. '당장 영끌을 해야 한다'거나 또 어느 지역이 뜰 것인지를 알려주는 책은 아니다. 단지 예전보다 준비된 마음으로 부동산으로 바라보고, '첫 번째 부동산 프로젝트'를 완수하자는 목적이다.

사실 부동산에 대한 막연한 두려움은 20, 30대라면 모두가 공감하는 부분이 아닐까 싶다. 주거 안정과 보유가 최고라고 생각하는 대한민국에서 서로의 공감대를 나누며 함께 알아가는 과정을 '집슐랭'과 『나의 첫 번째 부동산』과 함께했으면 하는 바람이다.

2021년 4월

서울경제 '집슐랭'

목차

Chapter 5. 실전 부동산 프로젝트를 위한 지침

Chapter 6. 나에게 맞는 부동산 투자

Chapter 1

오늘부터 시작하는 부동산 공부

부동산은 OOO이다

– 부동산을 공부해야 하는 이유

부동산에 대한 관심이 뜨겁다. 부동산 정책, 영끌, 패닉바잉, 로또 청약, 신고가 경신, 평당 1억 원 등 하루에 접하는 부동산 뉴스만 해도 수백 개다. 주식과 함께 가장 대표적인 자산 시장으로 꼽히는 부동산, 지금부터라도 관심을 가지고 공부해야 하는 이유는 뭘까?

우리가 한 달에 100만 원씩 저축한다 하더라도 돈 1억 원을 모으려면 약 8년 정도 걸린다. 1억이란 큰 액수다. 그런데 부동산을 살 때는 기본 단위가 억이다. 그래서 부동산을 구입할 때는 담보로 대출을 받거나 또는 전세를 끼고 사는 방식으로 레버리지(Leverage)를 이용한다. 레버리지를 이용한다는 것은 앞으로 그 엄청난 빚을 갚아나가겠다는 뜻이다.

자기 돈으로 주택을 산다는 것은 그동안 아끼고 저축해서 모은 현금을 부동산이라는 현물로 바꾸는 행위이기 때문에 매우 중요하다. 하지만 대부분 "당장 계약금만 있으면 된다", "지금이 아니면 늦는다"는 이야기에 충동적으로 결정하는 경우가 많다. '나만 뒤처지지 않을까' 하는 불안감, '지금 집을 사는 것이 맞을까' 하는 고민을 해결하기 위해 부동산에 대해 공부해야 한다. 그렇다면 부동산의 특징부터 살펴보자.

문재인 정부 및 과거 정부 서울 주택 유형별 매매 중위 가격 (단위: 억 원)

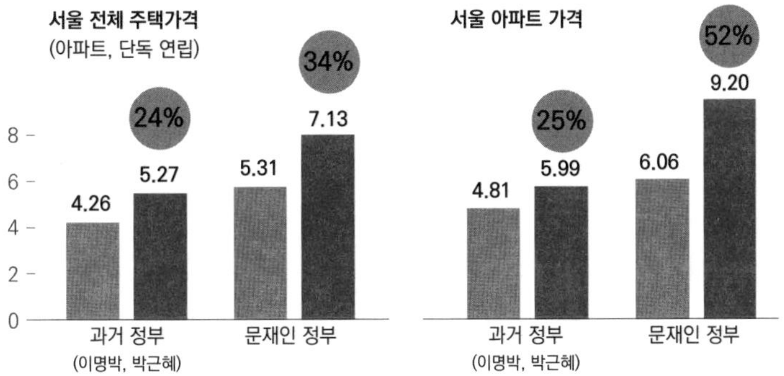

1. 부동산은 비싸다

부동산의 가장 큰 특징은 바로 고가성이다. 말 그대로 부동산을 거래하기 위해서는 큰 비용이 발생한다는 뜻이다. 비싼 재화이기 때문에 사고 싶다고 바로 살 수 있는 물건이 아니다. 부동산을 살 때는 그만큼 고민하고 알아보고 결정해야 한다. 가격 비교 또한 필수다. 부동산은 똑같은 물건이 없다. 주거용 부동산이라면 그 돈을 내고 거주할 만한 충분한 가치가 있는지를 생각해야 하고, 상업용 부동산이라면 내가 기대하는 수익을 가져다줄 수 있는지 비교하여 효용 대비 가격이 싼 것을 찾는 노력을 기울여야 한다.

2. 부동산은 물건이다

부동산을 사는 것은 현금을 주고 부동산이라는 물건을 교환하는 행위다. 현금은 당장 무언가를 살 수 있는 강력한 도구지만 부동산은 누군

가에게 팔아야만 다시 현금으로 바꿀 수 있기 때문에 급하게 처분하기 어려운 단점이 있다. 부동산을 담보로 대출을 받는 방식으로 일부를 현금화할 수 있지만, 자신이 지불한 현금보다 적은 금액만 쓸 수 있는 한계가 있다. 그러니까 그 물건을 내 귀중한 현금과 바꾸는 것에 더욱 신중할 필요가 있다.

3. 부동산은 현물이다

부동산은 우리 눈앞에 존재하는 실재하는 현물이다. 주식처럼 한 순간에 사라져버릴 수 있는 것이 아니라 실제 특정 위치에 자리하면서 우리가 사용하고 또 장사하고 생산하는 공간이다. 그래서 부동산은 끊임없이 관리해야 한다. 은행에 예금을 하면 이자를 받는 것처럼 부동산을 사놓으면 월세를 따박따박 받을 수 있는 게 아니다. 세입자 관리도 해야 하고, 보수도 해줘야 한다. 수고로움에 대해 임대료라는 보수가 주어지는 것이기에 그에 대한 이해가 필수다.

4. 부동산은 투자다

부동산은 비싸고 과정이 복잡한 만큼 관심과 노력을 쏟아붓는다면 남들이 발견하지 못한 이익을 찾아낼 수 있는 매력적인 투자상품이다. 그렇기 때문에 레버리지를 일으켜서라도 부동산에 투자하는 이유다.

주식은 10만 원 하던 게 1천 원이 되어버릴 수도 있지만 부동산은 실재하는 공간이다. 그 때문에 임대가 안되면 내가 살면 되고, 장사를 해도 되고, 이용할 수 있다는 장점이 있다. 또 어떤 위치를 딱 차지하고 있고 더 이상 생산해내지 못하는 유일성을 갖는다. 부동산에 대한 안목을 길러 제대로 된 투자를 한다면 새로운 기회를 마련할 수 있다.

부동산 꿀팁

부채를 사용한 투자 전략, 레버리지

영어로 'Leverage'란 지렛대를 의미한다. 안전성을 추구하는 저축과 달리, 투자에서는 종종 레버리지 효과가 발생한다. 지렛대를 이용하면 실제 힘보다 몇 배 무거운 물건을 움직일 수 있다. 금융에서는 실제 가격 변동률보다 몇 배 많은 투자수익률이 발생하는 현상을 지렛대에 비유하여 레버리지로 표현한다.

투자에 있어 가격변동률보다 몇 배 많은 투자수익률이 발생하려면, 즉 레버리지 효과가 발생하려면 투자액의 일부가 부채로 조달되어야 한다. 부채를 많이 사용할수록 투자의 레버리지 효과가 커지는 현상을 감안하여 레버리지가 부채를 대신하는 용어로 사용되기도 한다. 예를 들면, 부채로 자금을 조달하는 경우를 '레버리지를 일으킨다'라고 언급하거나, 부채가 많은 기업을 '레버리지가 높은 기업'으로 표현하기도 한다.

오늘부터 시작하는 부동산 공부법 5가지

- 부동산 입문자를 위한 기초 다지기

부동산 공부, 어디서부터 어떻게 시작해야 할까? 최근에는 부동산 관련 유튜브 채널, 스터디 카페 등 자세한 정보를 얻을 수 있는 곳이 많다. 다른 사람들의 사례와 경험을 듣는 것도 필요하지만 무엇보다 중요한 것은 나에게 맞는 부동산 공부법을 찾는 것이다.

부동산 공부를 막 시작하는 단계라면 기초부터, 쉬운 것부터 시작해 보는 것이 좋다. 무엇이든 시작은 어렵다. 특히나 부동산 공부의 경우 남들보다 뒤처졌다는 생각에 조급해지기 마련이다. 하지만 부동산은 큰돈이 오고 가는 만큼 차근차근 준비할수록 소중한 내 자산을 지키고, 좋은 투자로 활용할 수 있다.

1. 부동산 책 한 권부터

부동산 공부를 하고 싶다면 어떤 부동산 전문 서적이라도 단 한 권만 제대로 읽어보자. 부동산과 관련된 콘텐츠도 많은데 그중에서도 책을 읽으라는 건 뻔한 이야기처럼 들릴 수 있다. 또 책 읽는 것 자체를 번거롭고 귀찮은 것으로 생각하는 경우도 많다. 그럼에도 불구하고 부동산 관련 책을 한 권이라도 제대로 읽어보라고 추천하는 이유는 부동산에

대한 전반적인 이해와 전문 용어 때문이다

부동산 기사나 관련 콘텐츠를 접하다 보면 매수, 매도, 청약 등 한번쯤 들어봤지만 자세하게는 알지 못하는 용어가 등장한다. 부동산과 관련된 다양한 콘텐츠를 이해하기 위해서라도 기본 단어를 알아두는 것은 필수다. 영어도 단어를 많이 알아야 독해가 쉬워지듯 부동산도 마찬가지다. 관련 용어를 많이 알수록 부동산에 대한 이해력이 높아진다. 어떻게든 한 권을 읽고 나면 주로 사용하는 부동산 용어, 부동산의 거래 과정 등 기본적인 것들을 이해할 수 있다.

2. 부동산 뉴스나 이슈 챙겨보기

부동산 정책은 부동산 시장에 영향을 미치는 중요한 변수다. 부동산은 정부 정책의 영향을 크게 받고, 세계 경제나 국내 이슈에 따라 움직임이 큰 투자처다. 또 주식과는 달리 장기투자의 성격을 가지고 있기 때문에 부동산 투자에 관심이 생겼다면 정책이 시장에 어떻게 영향을 주는지 관찰하는 장기적인 투자 안목이 중요하다.

부동산 경기가 과열될 때 정부는 수요를 억제하고 공급을 늘리는 정책, 경기가 침체될 때는 수요를 늘리는 정책을 통해서 시장에 직간접적으로 영향을 끼친다. 금리 및 대출 등 금융정책을 통해서 또 부동산 관련 조세정책을 통해 수요에 영향을 주기도 한다.

가장 쉬운 방법은 틈틈이 부동산 뉴스를 체크하는 것이다. 부동산 관련 유튜브 채널을 챙겨 보거나 또는 포털 사이트의 '경제-부동산' 카테고리에서 부동산 관련 헤드라인을 챙겨보는 것도 도움이 된다. 최근 금융권에서 제공하는 금융 구독 서비스를 이용하는 것도 좋다.

3. 부동산 시세 알아보기

부동산과 관련된 기사를 챙겨본다면 실제 부동산 시세도 알아보자. 심도 있게 부동산 시세를 분석하는 것도 좋지만 처음이라면 어느 지역의 몇 평형의 아파트가 어느 정도 금액에 거래되고, 또 시세 변동은 어떤지 흥미 차원에서 알아보는 것도 좋다. 내 집 마련을 하고 싶은 지역이나 부동산 투자를 하고 싶은 관심 지역을 설정해 그 지역의 매물 현황과 시세 추이를 살펴보자. 아파트를 매입하기 위해서 어느 정도의 자금이 필요한지 예측할 수 있고, 또 똑같은 아파트인 데도 동과 층에 따라 가격이 달라지는 등 실전 투자 감각을 기를 수 있다.

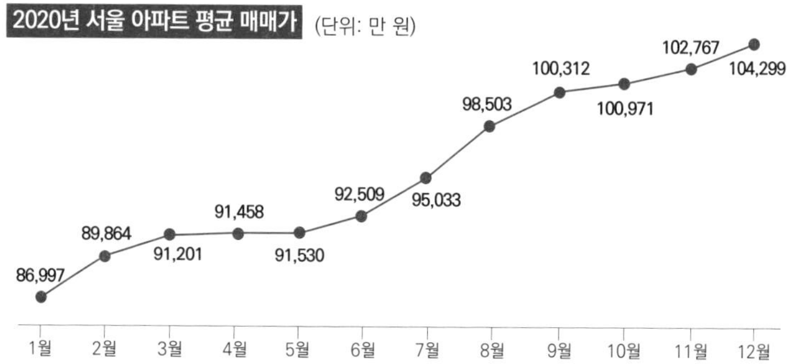

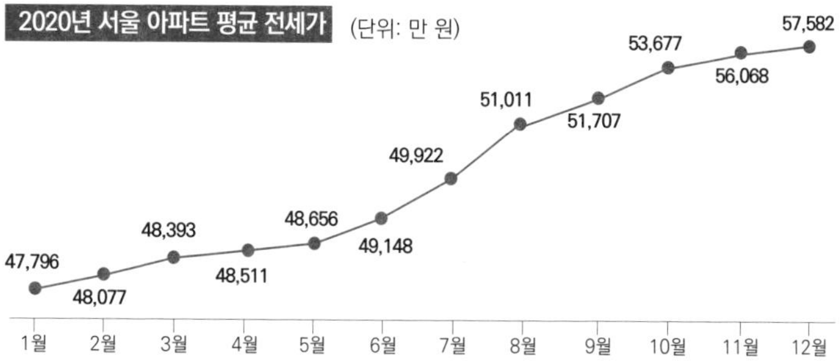

국토교통부 실거래가 공개시스템이나 네이버, 다음 등 포털 사이트에서도 각 지역의 부동산 매물 현황과 시세를 살펴볼 수 있다. 그 외에도 호갱노노, 아실 등 아파트 실거래와 관련된 다양한 분석 자료를 제공하는 앱을 이용해보는 것도 좋다.

4. 부동산 스터디 모임이나 세미나 듣기

부동산에 대해 어느 정도 기본을 갖추었고 이제 본격적인 공부를 하고 싶다면 부동산 스터디 모임이나 세미나에 참여해보자. 부동산은 결국 정보 싸움이다. 그렇기에 개인이 접할 수 있는 정보의 양이나 깊이에는 한계가 있을 수밖에 없다. 그러므로 스터디 모임에 참여하거나 부동산 전문가들의 세미나를 들으면서 다양한 정보와 실전 투자 방법을 배워보는 것도 좋다.

유명한 재테크 카페에서 진행하는 스터디 모임이나 관련 투자 전문가가 개최하는 부동산 세미나에 참여해보자. 간혹 무료 세미나를 빙자해 투자 강요를 하는 경우도 있으니 주의하자. 책이나 뉴스로만 익혔던 딱딱한 내용보다 생생한 실전 투자 방법을 익힐 수 있다.

5. 직접 현장을 답사하는 임장

'임장'이란 쉽게 말해 투자하기 전 현장을 답사하는 과정이다. 평소에는 인터넷이나 앱을 통해서 부동산 시세를 알아보고, 주말에는 직접 현장의 분위기를 알아보는 것이다. 검색만 했을 때는 학군도 좋고, 역세권이라서 좋다고 생각했지만 실제로 가보면 주변 환경이 별로인 경우가 많다. 임장을 해보면 좋은 점이 아니라 해당 부동산의 단점을 알게 된다. 또 앞으로 투자할 때 어떤 것들을 더 주의 깊게 봐야 하는지를 체득할 수 있다. 또 임장을 하면서 현지에 사는 주민이나 공인중개사에게 궁금한 것을 물어보거나 조언을 구한다면 더욱 생생한 지역 정보와 투자 정보를 얻을 수 있다.

부동산 꿀팁

임장 전 준비할 것과 임장 시 해야 할 것

현장을 다녀보고 동향을 파악하는 수고로움은 부동산 투자에서 필수다. 인터넷이나 앱을 통한 사전조사로도 매물 확인은 가능하지만 실제로 보는 것과는 천지 차이다. 특히 낮에는 동 배치, 동 간 거리 등에 따른 일조량을 확인하고, 밤에는 단지 안은 물론 주변 환경이 어떤지 직접 눈으로 확인하는 것이 좋다. 방문할 해당 지역 공인중개업소와는 사전에 약속을 잡아 매물을 검토할 시간을 충분히 주고, 당일에는 약속 시간을 꼭 지키는 것이 중요하다. 임장 시 핸드폰 촬영과 꼼꼼한 메모는 필수다. 임장 후기는 나중에 해당 지역의 흐름을 파악하는 데 귀중한 자료가 된다.

①인터넷과 앱을 통해 해당 부동산 사전 조사하기
②최근 시세 추이 및 원인 파악하기
③사전에 방문할 지역의 공인중개업소와 약속 잡기
④현장 방문 시 사전 조사와 다른 점 등 체크하기
⑤사진 촬영 및 매물의 특징 메모하기
⑥임장 후기 정리, 다른 지역과 비교해보기

알쓸다잡 부동산 잡학사전

◇◇◇

서울경제 유튜브 '집슐랭'

서울경제의 유튜브 채널 '집슐랭'에서는 메인 프로그램 〈그 남자 그 여자의 집〉 외에도 다양한 주제의 부동산 관련 콘텐츠를 만날 수 있다.

그 남자 그 여자의 집

아이돌 작곡가 박인우와 발레리나 이주리가 함께하는 프로그램. 부동산 지식 수준 '제로'에 가까운 두 사람의 좌충우돌 부동산 입문기다. 감정평가사 박은정의 이론 수업으로 기초 지식을 쌓고, 아실 유거상 대표 및 공인중개사들의 도움을 받으며 부동산에 대해 공부한다.

집슐랭 유니버시티

부동산 관련 전문가(교수님, 연구원 등)과 함께 사람들이 궁금해하는 부동산 관련 이슈에 대해 심도 있는 이야기를 나눠본다. 각종 부동산 정책이나 현황에 대한 이해가 깊어지면 돌아가는 상황에 대해서도 다르게 보일 것이다.

언더독

바이오 회사 연구원을 하다 부동산 투자에 관심을 가지기 시작한 '카이저'. 재테크 커뮤니티를 통해 주식 등 다양한 투자에 대해 공부하다 본인에게 가장 잘 맞는 투자 방법은 부동산임을 깨닫는다. 이후 소규모 부동산 투자부터 시작, 이제는 경제적 자유를 달성했다.

2020년 연구원 퇴사 후, 전업 투자자로 전환하며 투자 및 부동산 교육 사업에 집중하고 있다. 원룸에서 시작해 지금의 경제적 자유를 이루기까지의 경험담과 꿀팁을 나눈다.

묻고 더블로 가

부동산에 대한 다양한 궁금증을 풀어주는 프로그램이다. 특정 연예인이 건물주가 되었다거나 호재로 땅값이 두 배가 올랐다는 부동산 기사의 조회 수는 어마어마하다. 한강 편의점 월세는 얼마일지, 고속도로 휴게소 건물주는 누구일지 등 한번쯤 의문을 가졌을 법한 궁금증에 대한 해답들을 볼 수 있다.

너두가능

공간 임대업을 하고 있는 사람들의 생생한 정보를 담는 프로그램. 부업으로 공간을 운영하는 사람들의 경험담을 소개한다. N잡을 하며 파티룸을 운영하거나 회사를 다니며 에어비앤비를 하는 등 직장인들을 위한 다양한 투자 방법을 소개한다. 커다란 회사 공장 한쪽을 촬영장으로 렌탈하는 아이디어나 구독자와의 소통을 통한 심야주점 오픈기는 미디어에서 화제가 되기도 했다.

집보러가개

반려동물 시장이 커진만큼 펫 오피스텔이나 펫 빌라 등이 주목 받고 있다. 〈집보러가개〉는 반려동물과 함께 살 수 있는 집을 찾는 임장 프로그램으로 '반려견주택연구소'와 함께 만들었다. 견주의 시선이 아닌 반려동물의 시선으로 집을 소개한다. 견생 8개월 차 포메라니안 '뭉치'와 함께 반려동물이 주인공인 임장을 선보인다.

대한 외국인 주식회사

요즘 부동산보다 핫한 투자처가 바로 주식이다. 한국에서 20년 넘게 살아온, 한국 사람보다 한국말이 능숙한 외국인 베튤과 함께 기업과 주식을 공부한다. 주식 콘텐츠 대부분은 주식 초보자들이 보기에는 다소 진입장벽이 높고, 기업에 대한 정보도 부족한 면이 있다. 그래서 쉽지만 깊이 있게 기업에 대한 이야기와 주가에 대한 지식을 차근차근 전한다.

서울경제 유튜브 '집슐랭'

부동산의 5가지 특징

- 간단히 끝내는 부동산 공부 1

부동산은 생산의 3요소인 토지, 자본, 노동 중 하나로 자산의 한 축을 담당한다. 다만, 여러 형태의 부동산 중 주택은 의식주의 하나로 경제 관점에서만 다뤄질 수 없는 재화이기도 하다. 부동산을 공부하기 위해서는 부동산의 자연적인 특성에 대한 이해와 부동산 시장의 특수성을 이해하는 것이 필수다.

부동산의 자연적 특성은 고정성, 부증성, 영속성, 개별성 이렇게 네 가지로 '고부영개'라고 한다. 부동산은 '동산'과 구별되는 개념으로 토지 및 그 정착물로 정의되는데 우리가 직관적으로 이해할 수 있는 땅, 건물 등이 이에 해당한다. 차이는 있지만 기본적으로 부동산의 특성은 토지의 특성에서 기인하기 때문에 토지의 자연적 특성을 이해해야 한다.

1. 고정성

토지 그 자체는 그 자리에 고정되어서 이동할 수 없고, 그 지리적 위치를 변화시킬 수 없는 성질을 가진다. 이를 다른 말로 '부동성(Immovability)'이라고도 한다. 부동산을 투자할 때 입지의 중요성을 강조하는데, 이는 바로 부동산의 가장 큰 특징인 부동성에서 기인한다.

공간으로서 재화이고, 물리적 공간을 인위적으로 이동시킬 수 없기에 어디에 위치한 채 움직이지 않고 있음을 전제로 부동산을 파악해야 한다. 이동하지 않기 때문에 그 지역에 직접 가서 살펴보는 것이 필수다.

또 주변에서 발생하는 호재 내지 악재의 영향을 고스란히 받는다. 예를 들어 수원역 인근의 경우 지리적 위치는 아무런 변화가 없지만 주변에 낡은 주택지대가 정비사업을 통해 대규모 아파트 단지로 탈바꿈하고, 수인선 복선전철, GTX 노선 수혜 등 호재의 영향을 받게 되는 것이 바로 토지의 부동성에 기초한다.

2. 부증성

부증성(Unproductively)은 부동산의 자연적 특성 중 하나로서, 생산비나 노동을 투입하여 토지의 물리적 양을 임의로 증가시킬 수 없는 성질을 말한다. 우리나라 국토의 크기가 정해져 있는 것처럼 어떤 생산을 통해 늘릴 수 없다는 특징을 갖고 있다. 따라서 희소성과 입지 경쟁, 그에 따른 지가 상승의 원인이 된다. 또 한정된 토지이기 때문에 그 이용에 있어서 공공성, 사회성이 요구되기도 한다.

입지 경쟁이라는 것은 어떤 토지의 이용에 있어서 가장 비싼 값을 치를 수 있는 용도로 그 토지가 이용됨을 의미한다. 예를 들어 서울의 토지에 농경지가 거의 없는 이유와도 같다. 해당 토지에 농사를 짓는 것 대신 아파트나 빌딩을 짓는 것이 더 유리하기 때문에 입지 경쟁 결과 농경지가 사라지고 다른 용도가 자리 잡게 된 것이다. 그렇다고 모든 토지가 입지 경쟁을 통해서 용도가 결정되지는 않는다. 모두가 강남에 살기를 원한다고 하는데 입지 경쟁으로 원하는 아파트만 짓는다면 그

효용을 달성할 수 없다. 따라서 도로나 공원, 공공시설 등 공공성, 사회성 측면에서 주된 용도들이 효용을 다할 수 있도록 일부의 토지는 다른 용도로 이용되도록 한다.

3. 영속성

토지는 꾸준히 사용해도 소모되어 사라지지 않고 계속 존재한다는 영속성(Indestructibility)을 가지고 있다. 건물의 경우 시간이 흐르면 낡게 되고 지속적으로 유지 보수가 필요하다. 더 시간이 흐르면 사라질 수밖에 없지만 토지는 건물이 사라져도 여전히 존재한다. 현대 도시의 토지 대부분에는 각종 용도의 건물이 지어져 있고 그 소유 형태도 다양하다. 그렇기에 보통 토지만의 가치를 따로 인식하지 않고 전체 부동산의 효용과 가치에 따라 거래하는 것이 일반적이다.

사람은 토지를 영원히 점유·사용·소유할 수 없다. 설령 후손에게 지속적으로 상속하더라도 혼인 관계로 타인과 공동 소유 관계가 성립하기 때문에 일가(一家)가 배타적으로 독점할 수 없다. 이에 반해 건물은 인공물이기 때문에 반영속적이라 할 수 있다.

4. 개별성

부동산은 완전히 똑같은 물건이 없고, 각 부동산마다 다른 특징을 갖는다. 개별성(Individuality)은 부동성에서 파생된 특징인데 부동산이 차지하고 있는 공간의 중복이 불가하기에 물리적으로 똑같은 부동산이 존재할 수 없다. 그렇기에 부동산 가격 또한 각기 다르게 형성되고 개별적으로 그 특성이나 현상을 살펴보아야 한다.

예를 들어 바로 인접해 있는 토지라도 대로변에 자리 잡고 있는 토지와 후면 토지 가격에는 차이가 발생한다. 동일 아파트 단지 내의 같은 평수라 하더라도 층, 호별 위치나 내부 인테리어 등 개별 부동산의 특성이 반영되어 가격이 책정되는 이유이기도 하다.

5. 인접성

'인접성'은 각각의 토지와 그 옆의 토지가 서로 인접한 성질을 갖는다는 뜻이다. 토지는 인접 토지와 긴밀한 공간 관계에 있기 때문에 특정 토지의 개발과 사용은 인근 토지에도 영향을 끼친다. 외부경제 및 외부불경제와 밀접한 관계가 있어 '연결성'으로도 불린다.

연결성은 토지 이용의 협동적 논리를 제공하며, 협동적 이용을 필연화한다. 또 소유와 관련하여 경계 문제를 발생시키고, 인접 토지의 영향을 받게 되어 지역 분석이 필요하다. 개발이익의 사회 환수 논리의 근거가 되며 용도적 대체가 가능하다는 점에서 개별성과는 반대의 성격을 갖는다.

아파트 시장에 영향을 주는 5요소

- 간단히 끝내는 부동산 공부 2

우리가 가장 관심을 가지는 아파트 시장은 다른 재화와 마찬가지로 수요와 공급의 균형점에서 가격이 형성된다. 그런데 아파트의 수요와 공급은 다른 재화와는 다른 특성을 보인다. 아파트 수요와 공급에 영향을 주는 유동성, 심리, 정책 등에 의해 그 균형점이 쉽게 드러나지 않기도 한다.

1. 수요

아파트를 소유하려면 먼저 돈이 있어야 한다. 일정 수준의 부를 축적하고 모자라는 금액은 레버리지를 이용해 살 수 있는 능력을 갖춘 유효수요만이 참여할 수 있다. 현금 부자를 제외하고 순전히 자신의 능력으로 아파트 시장에 참여하는 것은 현실적으로 불가능하기에 대출을 통한 유효수요가 일반적이다. 따라서 대출의 규모 및 가능성에 따라 시장의 유효수요는 크게 늘어날 수도 줄어들 수도 있다.

수요는 다시 나누면 실수요와 투자수요로 구분할 수 있다. 집을 여러 채 갖고 있어도 우리가 실제로 거주하는 것은 1채다. 따라서 실수요는 내집 마련 등을 목적으로 하는 무주택자, 또는 더 나은 집으로 이동하려는 1주택자 갈아타기 수요가 이에 해당한다. 무주택, 1주택 갈아타기 수요를 제외한 나머지 수요는 투자수요에 해당한다.

우리나라 사람들이 가장 선호하는 주거 형태는 아파트다. 기존에 단독, 빌라, 오피스텔 등 여러 형태의 주거용 부동산에서 최종적으로 관리하기 편한 아파트를 수요하고 싶어하는 상황이기에 실수요가 꾸준하다. 다만 실수요가 되기 위해서는 기본적인 부를 축적하는 기간이 필요하고 통상적으로 내 집 마련에 소요되는 시간이 존재한다.

우리나라 사람들이 선호하는 주택 종류

아파트	단독주택	오피스텔	원룸	빌라
66.7%	21.6%	4.5%	3.4%	3.3%

전체적인 인구의 감소, 사회 트렌드의 변화에 따라 아파트 시장 내에서의 수요 변화는 달라질 수 있지만 시장 변화에 가장 큰 영향을 주는 것은 투자수요의 유입이다. 말 그대로 소비하려고 수요하는 것이 아니라 가격의 상승을 기대해서 선점하기 위해 매입하는 수요가 바로 이에 해당한다. 여러 채의 아파트를 매입하는 다주택자, 법인 등이 대표적인 투자수요이고, 형태로는 분양권투자, 갭투자 등이 있다.

2. 공급

아파트를 공급하는 것은 새로 아파트를 만들어서 공급하거나, 기존에 투자수요가 갖고 있던 아파트를 공급하는 것으로 나누어진다. 소비재로서의 아파트는 결국 1개를 소비하는 형태이므로 기존에 자기가 사용하지 않으면서 갖고 있던 아파트를 시장에 내놓는 것도 공급에 해당한다. 이러한 특징 탓에 아파트 소유자는 시장의 수요자이자 공급자로서의 양면적 입장에 놓인다.

새로 아파트를 공급하는 것은 절대적으로 시장에 존재하는 물건의 수를 늘리는 물리적 공급을 의미한다. 아파트의 경우 한 번 공급이 이루어지면 멸실(법률 등기부의 전부 또는 일부가 천재지변 따위로 파손되거나 없어진 경우)이 이루어지기 전까지는 그 수를 줄일 수 없다.

서울 주택 입주 및 멸실 물량 추이

(단위: 가구)

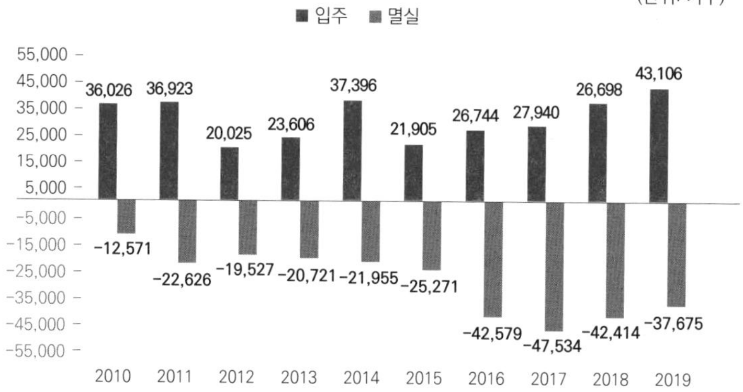

공급자 입장에서는 수요에 대한 예측이 매우 중요하며 다른 재화에 비하여 생산비용이 높기에 공급 물량 대비 수요가 부족한 경우 리스크에 대한 부담이 있다. 그렇기 때문에 공공의 영역에서는 정부가 아파트 공급의 주요 주체다. LH(한국토지주택공사), SH(서울주택도시공사)가 그러한 예이다. 민간의 영역에서는 건설사나 조합이 1급 매도인으로 아파트를 직접 공급하는 주체다.

기존의 아파트를 공급하는 것은 수십 채를 보유하고 있는 다주택자, 법인, 임대사업자들이 전세나 월세 등이 아닌 매매로 시장에 아파트를 공급하는 형태다. 실거주가 아닌 다른 사람이 사용하게 하면서 보유하고 있다가 시세차익을 실현하기 위해 공급자로 나서는 것이 이에 해당한다.

전국 연평균 주택 공급 현황

2005~2007년	2008~2012년	2013~2016년	2017~2020년
36.3만 호	35.7만 호	45.0만 호	54.6만 호

3. 유동성

아파트의 수요에 지대한 영향을 미치는 것이 유동성이다. 유동성은 소득과 신용(부채)을 통해 계속 창출되며, 자산을 현금으로 전환할 수 있는 정도를 나타낸다. 예를 들어 투자 목적으로 아파트를 구입할 경우 자신이 원하는 시기에 바로 현금으로 전환할 수 있는지가 유동성이다. 조금 더 깊이 들어가면 화폐의 유동성과 자산의 유동성으로 나뉜다. 돈을 주고 내가 물건을 사는 것이 화폐의 유동성이고, 자산을 처분해서 그 돈이 다른 데로 흘러간다면 자산의 유동성이다.

경제 주체의 유동성이라는 개념도 있다. 가계, 기업, 정부 이들 경제 주체의 유동성도 전체 유동성에 포함이 된다. 경제 주체가 채무를 충당할 수 있는 능력이 있으면 이것을 '유동성이 있다'라고 판단한다.

아파트는 고가성으로 인해 기존 소득만으로 구입하기가 어렵다. 그렇기 때문에 대부분 부채를 통해 구입하곤 한다. 최근 코로나 팬데믹으로 인한 정부의 돈 풀기 정책과 한동안 이어진 저금리 기조로 인해 부동산 시장과 주식 시장의 유동성이 풍부해졌다. 하지만 아파트의 경우 바로 현금화 할 수 있는 주식과는 달리 유동성 확보를 위한 시간이 길다. 따라서 무리하게 유동성을 끌어와 아파트를 매수하는 이른바 '영끌'을 조심해야 한다.

한국은행 기준금리 변동 추이

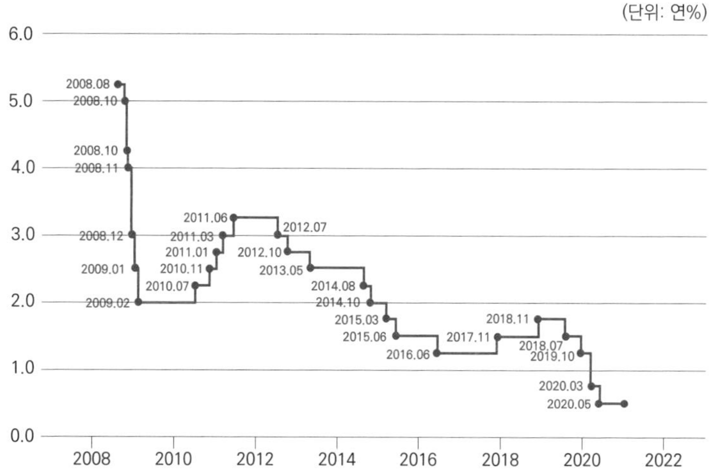

4. 부동산 정책

정책은 부동산 시장에 영향을 미치는 중요한 변수다. 부동산 경기가 과열될 때는 수요를 억제하고 공급을 늘리는 정책, 경기가 침체될 때는 수요를 늘리는 정책을 통해서 시장에 직간접적으로 영향을 끼친다. 아파트 시장의 수요는 앞서 언급한 바와 같이 실수요와 투자수요로 구분 지을 수 있는데 금리 및 대출 등 금융정책을 통해서 또 부동산 관련 조세정책을 통해 수요에 영향을 준다.

현대사회로 접어들면서 생산은 비약적으로 늘어났다. 또한 기술 발전, 효율화를 통하여 비용 절감을 꾀하면서 물건은 넘쳐나게 되었다. 결국 수요의 문제로 부동산 경기침체 시에는 유효수요를 늘리는 정책을 통해 이 문제를 해결해왔다. LTV, DTI 등 대출 완화를 통해 당장 돈이 부족하더라도 시장에 참여할 수 있도록 길을 열어주고 저금리 기조를 통해 실수요와 투자수요를 끌어들인 것이다. 부동산 활성화는 경기 전반에 파급 효과가 크기 때문에 국가 경제 활성화를 위한 수단으로 활용되어왔다. 대출정책뿐 아니라 취등록세, 양도세 등 거래와 관련된 세금의 완화정책과 재건축·재개발 등 규제완화로 시장에 수요가 유입될 유인책을 편다.

반대로 부동산 경기가 너무 과열되는 경우에는 대출 규제 및 세제 강화 규제책을 실시한다. 여기에 과열된 심리를 잠재우기 위해 신도시 개발 등 직접적인 공급을 늘리고 투자 목적으로 잠긴 물건이 시장에 공급되도록 압박하는 정책을 실시한다. 다만 신뢰이익(어떤 법률행위가 무효로 되었을 때 그 당사자가 무효인 법률행위를 유효라고 믿었기 때문에 입은 손해) 등의 이유로 정책은 즉각적으로 발휘되기 어려운 특성이 있고, 직접 공급 정책은 시장에 반영되기까지 일정 시간이 필요하기에 정책의 효과는 후행한다는 특성이 있다.

5. 심리

모든 재화는 수요와 공급의 균형점에서 가격이 결정된다. 그런데 부동산은 고가이기에 대출을 통한 레버리지 활용 가능 여부에 따라 수요가 정해진다. 또 주택은 필수재로 실수요 측면에서 중복 수요가 어려운 재화이기도 하다. 따라서 주택의 자산가치 상승이 전제되지 않는 상황에서 수요는 매우 소극적으로 움직이지만 반대의 상황에서 수요는 폭증하게 된다.

부동산 소비자 심리지수

구분	2019년	2020년	2020년 10월	2020년 11월	2020년 12월
전국	100.5	118.3	128.2	131.7	127.7
수도권	104.5	121.5	129.1	131.3	130.5
지방	96.1	114.6	127.2	131.8	124.5

공급 측면에 있어 다른 재화와 달리 부동산은 생산에 장시간이 소요되고 비용도 많이 든다. 이러한 수요의 가변성 때문에 무조건 만들어내기도 부담스러운 재화다. 기본적으로 타 재화에 비해 비용이 많이 들기 때문에 예측 실패에 따라 가격의 폭등 내지 급락을 경험하게 된다. 또 시장에서 안정적인 균형가격을 찾는 데 일정 시간이 필요하다는 특징을 보인다. 안정화의 과정에서 사람들의 심리는 지나치게 과열되거나 급속도로 냉각되어 그 파동의 크기가 실제보다 더 크게 벌어지기도 한다.

10년간 움직이지 않던 집값이 오르자 무주택자들은 '더 오르기 전에 집을 사자'면서 실수요 참여로 이어졌고, 시장은 점점 과열되고 있다. 공급에 대한 여러 대책에도 안정화는커녕 집값이 더 오를 거라는 불안으로 시장은 오히려 가열되고 있다. 집값 안정화의 시기도 그만큼 늦춰지고 있는 것이다.

부동산 꿀팁

알아두면 좋은 부동산 심리 지표

부동산 시장에는 정부와 시장, 매수인과 매도인의 치열한 심리전이 존재한다. 투자 심리는 수요와 공급을 통해 형성되기 때문에 적절한 타이밍 선정이 가장 중요하다. 많은 조사기관에서 '주택 관련 투자 심리 전망지수'를 발표한다. 대상, 방법, 산출 방법 등 표본이 서로 다르기 때문에 절대적인 비교는 어렵지만 심리 지표의 경우 단기 변동성이 아닌 중기적인 관점에서 시장을 바라볼 수 있는 기준이 된다. 다만 심리지수의 경우 실가격지수와 차이가 있을 수 있기에 반드시 비교하여 해석하려는 자세가 필요하다.

①KB부동산 리브온 '전국 매매가격전망지수'
②KB부동산 리브온 '매매우위지수'
③한국은행 '주택가격전망 CSI'와 '주거비지출전망 CSI'
④한국감정원 '전국 주택매매수급지수'
⑤국토연구원 '전국 주택매매시장 소비심리지수'
⑥주택산업연구원 '입주경기실사지수'

Chapter 2

꼭 필요한 부동산 용어와 정책

168
MARKET
MY PAGE
CHARTS
SETTINGS
PRICE ALERTS

부린이 탈출!
부동산 필수 용어 10

- 부동산 정책과 기사에 등장하는 용어

부동산에 관심이 있어 관련 기사나 콘텐츠를 찾아 보기 시작했는데 처음 들어보는 단어에 당황했던 경험이 한 번쯤 있을 것이다. 부동산 관련 용어에는 한자가 많고 최근에는 신조어도 많이 생겨 입문자라면 가장 먼저 부동산 용어를 알아둘 필요가 있다. 알아두고 나면 남들보다 더 빠르게 부동산 기사와 트렌드를 읽을 수 있으니 부동산 공부를 결심했다면 차근차근 용어부터 익혀보자.

1. 전용면적 vs 공용면적 vs 공급면적 vs 계약면적

전용면적

아파트 등의 공동주택에서 방, 주방, 거실 그리고 화장실을 포함한 면적을 뜻하며, 공용면적을 제외한 나머지 실제 생활하는 바닥의 면적을 뜻한다. 현관문을 열고 들어갔을 때부터 포함되는 가족들의 전용 생활공간이다. 발코니는 '서비스 면적'으로 전용면적에 포함되지 않는다.

소형 아파트	중형 아파트	대형 아파트
전용면적 $85m^2$ 이하	전용면적 $135m^2$ 이하	전용면적 $135m^2$ 초과

공용면적

공용면적은 말 그대로 함께 사용하는 공간을 말하며 주거공용면적과 기타공용면적으로 나뉜다. 주거공용면적은 건물 안에 있는 주거를 위해 공용으로 사용하는 공간으로 공동 현관, 계단, 복도, 엘리베이터 등이 포함된다. 기타공용면적은 주거와 직접적인 연관성이 없는 건물 밖의 공용면적을 말하며 주차장, 관리사무소, 경비실 등이 포함된다.

공급면적

공급면적은 앞서 설명한 전용면적과 주거공용면적의 합이다. 참고로 아파트의 경우 공급면적이 흔히 말하는 분양면적과 같은 말로 전용면적과 주거공용면적을 더한 것을 의미한다. 세대 실내 면적과 계단, 복도 등 건물 내 공동 공간을 합친 면적이다.

계약면적

계약면적은 전용면적과 주거공용면적, 기타공용면적을 모두 합친 것이다.

서비스면적

서비스면적은 전용면적, 공용면적, 분양면적 어디에도 포함되지 않는 면적이지만 거주자가 실제로 사용할 수 있는 무료 면적이다. 흔히 말하

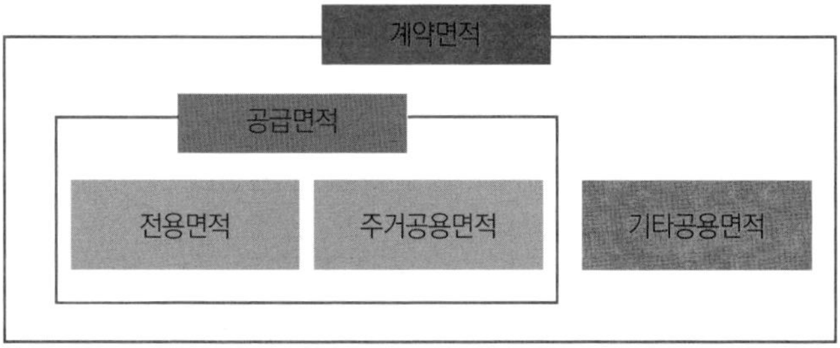

는 발코니가 서비스면적에 해당한다. 평수에는 포함되지 않지만 서비스면적이 클수록 사용 가능한 공간이 넓어지기 때문에 계약 시 중요하게 고려해야 한다.

부동산 꿀팁

아파트와 오피스텔의 공급면적과 계약면적 차이점

아파트 분양의 경우 공급면적을 '분양면적'으로 표기하고, 오피스텔의 경우 계약면적을 '분양면적'으로 표기한다. 이는 아파트는 '주택법'을 따르고 오피스텔은 '건축법'을 적용받기 때문이다. 같은 분양면적이라도 아파트가 오피스텔보다 더 크게 보이는 것은 적용되는 법이 다르고, 아파트의 경우 서비스 면적이 있기 때문이다.

또 아파트 전용률은 70~80% 정도, 오피스텔의 전용률은 30~40%로 차이가 있다. 독립적으로 사용할 수 있는 면적의 비율인 전용률이 넓은 아파트가 그만큼 실제 사용할 수 있는 공간이 넓다.

2. 공동주택 vs 단독주택 vs 근린생활시설

공동주택

벽, 복도 등 건축물의 시설을 여러 세대가 공동으로 사용하며 동시에 세대마다 독립된 주거생활이 가능한 주택을 말한다. 공동주택에 해당하는 건축물에는 아파트, 연립주택, 다세대주택이 있으며 건축법이 정한 규정에 따라 구분된다. 아파트는 층수가 5층 이상인 주택, 연립주택과 다세대주택은 층수가 4층 이하인 주택이다. 바닥면적 합계가 660m^2를 초과하면 연립주택, 그 이하면 다세대주택이다.

단독주택

한 세대가 단독으로 생활할 수 있는 시설 및 규모를 갖춘 주택을 의미한다. 참고로, 다가구주택은 공동주택이 아니라 단독주택이다. 다가구주택은 일반적으로 건물 소유자가 1명이고, 주택으로 쓰이는 층수가 3층, 19가구 이하로 규정되어 있다.

근린생활시설

근린생활시설은 주택가와 인접하여 주민들에게 생활 편의를 제공할 수 있는 시설들을 말한다. 건축법에 의해서 건축물의 종류와 규모에 따라 제1종 근린생활시설과 제2종 근린생활시설로 나뉜다. 제1종 근린생활시설은 슈퍼마켓, 휴게음식점 등 인근 주민 생활에 필수적인 시설이다. 제2종 근린생활시설은 취미, 편리한 생활을 위한 것으로 일반음식점, 테니스장, 금융업소 등이 해당한다. 제2종 근린생활시설은 제1종 근린

부동산 꿀팁

건폐율과 용적률을 알기 전 '면적'의 개념을 알아두자

대지면적은 땅의 '수평투영면적'을 말한다. 부동산에서는 해당 건축물을 지을 수 있도록 허가된 땅의 크기로 하늘에서 바로 내려다본 모양의 면적이라 이해하면 쉽다.

건축면적은 건축물 외벽의 중심선으로 둘러싸인 부분의 수평투영면적을 뜻한다. 즉, 지어질 건물을 하늘에서 바라봤을 때 가장 넓은 바닥면적이 건축면적이며, 보통은 가장 넓은 층인 1층 바닥면적이 이에 해당된다.

연면적은 대지에 들어선 건축물 내부의 모든 바닥면적을 합한 크기다. 예를 들어 지상 3층 건물을 지었을 경우 각 층의 바닥면적이 $300m^2$라면 연면적은 $300×3=900m^2$가 된다.

생활시설과 비교하여 필요성이 상대적으로 적은 시설이다.

3. 건폐율 vs 용적률

건폐율

건폐율이란 건축 밀도를 나타내는 지표로 대지면적 대비 건축면적으로 산출한다. 쉽게 말해 대지면적에 비해 건물이 차지하는 면적이 얼마나 되는지를 나타내는 비율이다. 도시지역의 경우 50~70%, 관리지역은 20~40% 정도로 건폐율이 제한된다. 건폐율 제한이 있는 이유는 지면에 공터를 남겨 쾌적한 환경을 조성하거나 비상시에 대비하기 위함이다.

같은 대지면적이라도 허용된 건폐율이 높으면 더 넓은 건물을 지을 수 있다. 예를 들어, 똑같은 100m^{2}의 땅을 구입했더라도 건폐율이 50% 이하로 제한된 곳에선 바닥면적 50m^{2}까지, 건폐율이 90% 이하로 제한되면 바닥면적 90m^{2}까지 건물을 지을 수 있다.

용적률

용적률은 대지 면적 대비 건축물 연면적 비율로 건물을 얼마나 높게 지을 수 있는지를 정하는 기준이다. 용적률은 대지면적 대비 건축물 연면적 비율로 산출한다. 건폐율과 마찬가지로 용적률 역시 도시의 교통, 일조권, 환경 등을 쾌적하게 유지하기 위해 제한을 받는다. 용적률 제한 기준이 높다는 것은 건축물 연면적의 비율이 높다는 것이며, 이는 곧 건물을 더 높게 지을 수 있다는 것을 의미한다.

용적률은 '건폐율×건물 층수'로 계산하면 쉽다. 대지면적이 100m^2, 1개 층 바닥면적이 50m^{2}인 4층 건물의 경우, 건폐율 50%에 4를 곱한 200%가 용적률이 된다. 한편, 지하층과 주차장으로 쓰이는 지상층은 연면적 제한을 받지 않기 때문에 용적률 산출 시 이점을 꼭 유의해야 한다. 대지면적이 100m^2, 1개 층 바닥면적이 50m^2인 4층 건물이 알고 보니 지하 1층~지상 3층 규모에 지상 1층은 주차장이라면, 용적률은 100%가 된다. 지하 1층과 지상 1층 주차장이 연면적에서 빠지기 때문이다.

4. 표준공시지가 vs 개별공시지가 vs 실거래가

표준공시지가

국토교통부 장관이 조사·평가하여 공시한 토지의 단위 면적(m^2)당 가격이다. 합리적이고 일관성 있는 지가정보체계를 세우기 위한 목적으로 매년 2월 발표된다. 전국 3,200만 필지 중 대표성 있는 50만 필지를 표준으로 정한 뒤 감정평가사에게 조사·평가를 의뢰한다. 토지소유자와 시·군·구의 의견을 듣고, 시·군·구 토지평가위원회와 중앙토지평가위원회 등의 심의를 거쳐 공시한다. 양도세, 상속세, 증여세, 토지초과이득세, 개발부담금(착수 시점), 택지초과소유부담금 등 각종 토지 관련 세금의 과세기준으로 사용된다.

공시지가 열람은 해당 표준지가 속한 시·군·구에서 가능하며 공시된 지가에 이의가 있는 토지소유자 및 법률상 이해관계자는 공시일로부터 30일 이내에 국토해양부 장관에게 서면으로 이의를 신청할 수 있다.

개별공시지가

표준공시지가로 산정한 개별 토지에 대한 단위 면적당(m^2) 가격이다. 표준지공시지가를 기준으로 하여 시장·군수·구청장 등이 조사하여 발표하며 토지의 특성 조사와 표준지 선정 여부로 결정한다. 시·군·구는 중앙부동산평가위원회의 심의를 거쳐 매년 공시된 표준지공시지가를 기준으로 전국의 필지에 대한 개별공시지가를 산정해 매년 5월 공시한다. 개별공시지가는 양도소득세, 증여세, 상속세 등 국세와 재산세, 취득세 등 지방세는 물론 개발부담금, 농지전용부담금 등을 산정하는 기초 자료로 활용된다.

해당 기관이 공시지가를 고시할 때에는 일정 기간 토지소유자들에게 열람을 시키거나 개별 통지를 해야 한다. 이때 이의가 있으면 30일 이내에 서면으로 해당 시장·군수·구청장에게 이의를 제기할 수 있으며, 이의가 받아들여지지 않을 경우에는 행정심판과 행정소송을 제기할 수 있다.

실거래가

실거래가는 거래가 발생한 실제 매매가를 말한다. 부동산 매매계약을 체결하면 30일 이내에 실거래가를 신고해야 하는데 그 신고되는 가격이 실거래가다. 실거래가 기준은 아파트를 사는 사람의 매매기준일이 실거래가 기준이 아니라 매수자가 100% 매수금을 치룬 날짜, 소유권 이전 기준일이다.

국토교통부 실거래가 공개시스템에서 확인 가능하며 2006년 1월부터 부동산거래신고 및 주택거래신고가 이루어진 아파트, 연립·다세대, 단독·다가구주택, 오피스텔과 토지, 상업, 업무용 부동산이 해당된다. 2007년 6월 29일 이후 체결된 아파트 분양권과 입주권도 해당된다. 공시지가처럼 조사나 평가로 정해지는 것이 아니기 때문에 제한이 없다.

5. LTV vs DTI vs DSR

LTV

'주택담보인정비율(Loan to value)'로 쉽게 표현하며 담보 대출 시, 담보물의 가치 중 얼마만큼을 대출로 받을 수 있는지를 가리킨다. 만약 LTV가 60%라면 3억 원짜리 주택을 담보로 대출받을 시, 3억의 60%인 최대 1억 8천만 원까지 대출받을 수 있음을 의미한다.

DTI

'총부채상환비율(Debt to income)'로 연소득에서 갚아야 할 원리금이 차지하는 비율을 말한다. 소득 수준 대비 부채 상황에 따라서 대출 여부와 한도를 결정하는 것이다. 예를 들어, 연소득이 5천만 원인데 DTI가 40%라면 대출받을 때 매년 상환해야 할 원리금이 5천만 원의 40%인 2천만 원을 넘을 수 없도록 대출 한도가 설정된다. 연 소득을 기준으로 대출 한도를 정하기 때문에 개인의 채무 상환능력을 평가하는 지표로도 사용된다.

DSR

'총부채원리금상환비율(Debt service ratio)'로 앞으로 상환해야 할 모든 대출의 원리금을 연소득으로 나눈 값이다. DSR은 기존, 신규를 포함한 모든 주택담보대출의 원리금뿐만 아니라 학자금대출, 전세대출, 신용대출, 마이너스통장, 카드론, 자동차 등 모든 대출액의 원리금을 부채 산정 대상에 포함한다. 따라서 DTI보다도 더욱 정확하게 채무 상환능력을 평가하는 지표다.

6. 조정대상지역 vs 투기과열지구 vs 투기지역

조정대상지역

부동산 시장 과열을 막기 위해 정부가 주택법에 근거해 지정하는 지역이다. 주택가격 상승률이 물가 상승률의 2배 이상이거나 청약 경쟁률이 5 대 1 이상인 곳이 해당된다. 조정대상지역은 주택가격, 청약 경쟁률, 분양권 전매량 및 주택보급률 등을 고려해 주택 분양 등이 과열되어 있거나 과열될 우려가 있는 지역이나 주택가격, 주택 거래량, 미분양주택의 수 및 주택보급률 등을 고려한다. 주택의 분양, 매매 등 거래가 위축될 우려가 있는 지역의 경우 국토교통부 장관이 주거정책심의위원회의 심의를 거쳐 조정대상지역으로 지정할 수 있다.

투기과열지구

주택가격 상승률이 물가 상승률보다 현저히 높아서 주택에 대한 투기가 성행할 우려가 있는 지역에 대해 국토교통부장관 또는 시, 도지사가 지정하는 제도로 주택법 개정으로 도입되었다. 투기과열지구로 지정되면 전용면적 85m^2 이하 아파트 공급 물량에서 50%를 청약 1순위자 중 35세 이상, 무주택 5년 이상 서민들에게 의무적으로 우선 분양해야 한다. 주상복합건축물 중 주택이나 오피스텔은 입주자 공개 모집을 통해서만 분양이 가능하다. 또, 분양권 전매 제한, 청약 1순위 제한, 조합원 지위 양도 금지 등의 행정규제가 있다.

투기지역

토지나 주택 등 부동산 가격이 급등하거나 급등할 우려가 있어 기획재정부장관이 부동산 가격안정심의위원회의 심의를 거쳐 지정하는 지역이다. 행정구역 단위로 지정되며, 주택투기지역과 토지투기지역으로 나뉜다. 주택투기지역은 직전 월의 주택 매매가격 상승률이 전국 소비자물가 상승률보다 30% 이상 높고 직전 2개월 월평균 주택 매매가격 상승률이 직전 월 이전 3년간 연평균 전국 주택 매매가격 상승률보다 높은 지역이 지정 대상이다.

7. 재개발 vs 재건축

재개발

재개발(Redevelopment)은 정부가 주도하에 노후된 단독, 다가구주택이 밀집된 지역을 중심으로 진행되는 공공사업이라고 생각하면 쉽다. 낡고 오래된 주택이 밀집되어 주거생활이 불편하고, 도로·상하수도 시설이 불량한 지역을 정부가 재개발 구역으로 지정하여 주거환경을 개선하는 도시계획사업이다. 재개발의 경우 기존 주택 세입자에게 공공임대주택을 공급하거나 공급 자격이 없는 세입자에게 3개월 분의 주거대책비를 지급한다.

정비계획 수립→안전진단→정비구역 지정→추진위원회 구성→조합 설립인가→시공사 선정→사업시행 인가→종전 자산평가→조합원 분양신청→관리처분계획 인가→이주·철거→착공·일반분양 과정으로 이루어진다. 관리처분계획 인가 이후에는 조합원 지위 양도가 금지된다.

재건축

재건축(Reconstruction)은 기반 시설은 양호하지만 노후 건축물이 밀집된 아파트를 중심으로 이루어지는 민간 주택사업이다. 소유주들이 조합 설립인가를 받아서 노후 주택을 헐고 새로 짓는 것을 말한다. 1960년대부터 공급되기 시작한 아파트 대부분이 20년이 경과하면서 기능과 시설 모두 노후해 신규 주택에 대한 수요가 생겼고, 1988년 주택건설촉진법 시행과 함께 재건축 시장이 형성되었다. 재건축 사업은 부동산 투기 요인이 된다는 비판을 받기도 한다. 재건축은 재개발과 달리 초과이익환수제 적용을 받으며, 조합 설립인가 후 조합원 지위 양도가 금지된다.

부동산 꿀팁

재건축 초과이익환수제를 알아두자

재건축 초과이익환수제는 재건축으로 과도한 개발이익을 얻은 조합원에게 정부가 이익 금액 일부를 부담금으로 거두는 제도다. 2006년 9월 국토교통부에서 처음 도입된 후 2012~2017년까지 한동안 유예되었다가 지난해부터 징수가 본격화되었다.

재건축 사업으로 주택가격이 과도하게 오르는 것을 막고 투기를 방지하기 위한 목적으로 과세 대상은 재건축 종료 시점 주택 가액에서 재건축위원회 설립 승인일 당시 집값에 정상주택가격 상승분과 개발비용(공사비, 조합원 운영비 등)을 뺀 금액이 1인당 평균 3천만 원을 넘을 경우 초과 금액 구간별 최저 10%에서 50%까지 누진 과세가 적용된다.

환수된 재건축 부담금은 추후 임대주택 매입 및 건설 비용, 정비사업 시행사 보조금 및 융자금 지원, 정비기반시설 설치비용, 도시재생 사업비 등으로 활용된다.

8. 시행사 vs 시공사 vs 신탁사

시행사

부동산개발사업의 실질적인 사업 운영자를 말한다. 재건축 아파트라면 재건축 조합, 민간 사업자라면 그 사업장의 부동산개발 회사나 지주 등 현실적인 그 사업을 실행하는 사업의 주체다. 시행사는 주택을 지을 때

시공사에게 도급 건설을 주며 모든 공사의 책임을 맡아 전 과정을 관리, 감독한다. 금융기관으로부터 자금을 조달하며 주택 건축을 위한 기초적인 행정 절차부터 계약자들의 입주까지 모든 과정을 담당한다. 실정법상은 부동산개발업을 영위하기 위해 국토해양부 장관에게 등록한 부동산개발업자를 말한다.

시공사

시공사는 시행사로부터 사업을 발주받아 설계도면에 따라 실제 공사를 실시하는 건설업체를 말한다. 조합의 경우 시행사에서 사업 승인 인가를 받고 나서 시행사로 계약하며, 계약 전까지는 예비 시행사라고 한다. 오직 공사에 관한 부분만을 책임지며 주택건설업자로 등록된 업체만 공사할 수 있다.

신탁사

건설에 필요한 자금을 관리하고 보증하는 업체이다. 계약자가 지불한 계약금과 중도금 등의 비용을 안전하게 관리하며 시공사에 공사 대금을 지급한다. 시행사에게 자금 문제가 생길 경우 소비자들의 안전장치 역할을 한다. 신탁사는 자금 문제가 생길 경우 피해를 최소화하는 역할을 하기 때문에 분양할 때에는 믿을 수 있는 신탁사인지 확인해야 한다.

9. 매수우위지수 vs 전세수급지수

매수우위지수

아파트 매도인과 매수인 가운데 어느 쪽이 많은지를 확인해 산출하는 지수다. 지수 범위는 0~200, 100을 기준으로 100을 넘을 경우 매수인이 많음, 매매 거래가 활발함, 매매 가격 상승을 뜻한다. 매수인이 많다는 것은 집을 사려고 하는 사람들이 팔려는 사람보다 더 많다는 의미이기 때문에 집값이 상승세를 탈 가능성이 높다. 반면 집을 팔고자 하는 매도인이 더 많으면 집값 상승률이 꺾이거나 보합 내지는 하락의 가능성이 높다고 예측할 수 있다.

월간 매매 시장 동향(매수 우위/매매 거래/매매 전망 지수)

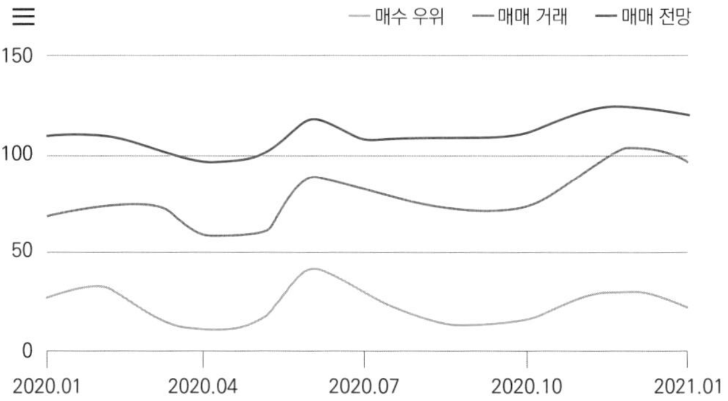

전세수급지수

전세수요 대비 공급 수준을 나타내는 지표다. 지수 범위는 0~200, 100을 기준으로 100을 넘을 경우 전세 공급 부족, 전세 거래가 활발, 전세 가격 상승을 뜻한다. 반대로 100보다 낮을수록 수요 부족을 뜻한다. 전세수급지수가 중요한 이유는 매매가에도 직접적인 영향을 미치기 때문이다. 전세수급지수가 100보다 높이 올라가면 전세 물건이 없어 매매가 상승으로 이어질 수 있고, 100이하로 떨어지면 전세 공급이 많아 매매가 하락으로 이어질 수 있다. 전세수급지수가 상승하는데 향후 공급 물량이 줄어든다면 전세수급지수는 계속 강세를 보일 가능성이 높고 이는 결국 매매가 상승으로 이어질 확률이 높다.

월간 전세 시장 동향(전세 수급/전세 거래/전세 전망 지수)

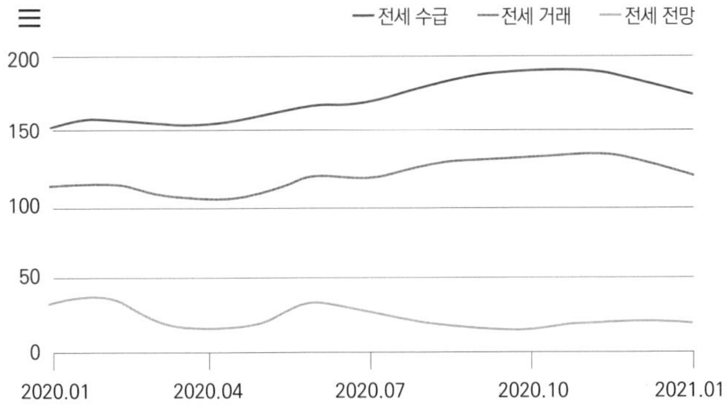

10. 세대 vs 세대주 · 세대원 vs 무주택자

세대

현재 주거를 함께하며, 주민등록등본에 함께 등재된 부모(직계존속), 배우자와 자녀(직계비손) 등으로 이루어진 집단을 말한다. 가족이라도 주민등록등본에 등재되어 있지 않으면 세대원에 포함되지 않는다. 형제, 자매 등은 같은 주민등록등본에 등재되어도 세대원에 속하지 않는다.

세대주 · 세대원

세대주는 주민등록등본상 세대주로 등록된 사람, 세대원은 세대주를 제외한 나머지 가족 구성원을 말한다. 세대주는 월세, 전세, 자가 여부와 상관없고, 반드시 등기상 소유자(집의 주인)을 의미하진 않는다. 세대주를 확인하고 싶다면 주민등록등본을 발급받으면 세대주가 누구인지 확인할 수 있다. 세대원에서 세대주로 전환하고 싶다면 거주지의 주민센터 또는 정부24에서 신청하면 된다.

무주택자

전세, 월세와 상관없이 자기 소유의 주택 또는 분양권을 소유하고 있지 않은 사람을 말한다. 세대주와 세대원 모두 주택을 소유하지 않아야 한다. 무주택세대주가 되려면 전입신고를 통해 세대를 분리하여 본인이 세대주가 되거나 기존 세대원에서 변경을 통해 세대주로 등록한다.

무주택 기간의 산정 기준은 ①입주자 저축 가입자의 연령이 30세가 되는 날부터 청약 등 모집 공고일까지 ②만 30세 이전에 혼인했다면 혼인신고일로 등재된 날부터 ③주택을 소유한 적이 있는 경우 주택 처분 후 무주택자가 된 날부터 새롭게 기간을 산정한다.

부동산 꿀팁

집이 있어도 무주택자로 간주하는 경우

*업무용·상업용 오피스텔 소유자(오피스텔은 주택 외 건축물에 해당).

*전용면적 20m^2 이하의 주택 또는 분양권 소유자(2가구 이상은 제외).

*만 60세 이상의 직계존속(부모님 등)이 주택을 소유한 경우(민간 분양 시에만 적용).

*폐가 또는 멸실됐거나 주택 외 용도로 사용되고 있는 경우.

*무허가 건물을 소유한 경우.

*소형, 저가주택 소유자가 민영주택에 청약할 경우(전용면적 60m^2 이하, 공시지가 기준 수도권 1억 3천만 원, 지방 8천만 원 이하).

*미분양 아파트 분양권을 소유하고 있는 경우(매수 시, 무주택자에서 제외).

*비도시 지역의 단독주택에 거주하다가 다른 지역으로 이사한 경우 등(20년 이상 경과 또는 전용면적 85m^2 이하 또는 상속 이전).

알쓸다잡 부동산 잡학사전

◇◇◇

부동산 신조어를 알아두자

세권 용어

역세권: 기차, 지하철역 인근

숲세권: 녹지공간(숲산) 인근

몰세권: 대형 쇼핑몰 인근

백세권: 백화점 인근

슬세권: 슬리퍼 같은 편한 복장으로 편의시설 이용 가능

맥세권: 맥도날드 인근

편세권: 편의점 인근

스세권: 스타벅스 인근

베라권: 베스킨라빈스 인근

술세권: 술집 인근

학세권: 학원가, 학교 인근

공세권: 대형 공원 인근

의세권: 대형 병원 인근

지역명 관련

마용성: 마포, 용산, 성동

노도강: 노원, 도봉, 강북

금관구: 금천, 관악, 구로

강남3구: 강남, 서초, 송파

강남4구: 강남, 서초, 송파, 강동

TK: 대구, 경북

범4만3: 범어4동, 만촌3동

의양동: 의정부, 양주, 동두천

구남가: 구리, 남양주, 가평

수용성: 수원, 용인, 성남

부울경: 부산, 울산, 경남

대대광: 대전, 대구, 광주

대세청: 대전, 세종, 청주

도도둔: 대전 도안, 도룡, 둔산

이삼생: 세종2생활권, 3생활권

지테홍: 청주 지웰, 테크노, 홍골

여순광: 여수, 순천, 광양

BYC: 봉화, 영양, 청송

해수동: 해운대, 수영, 동래

부동산 신조어

부린이: 부동산+어린이

주담대: 주택담보대출

임장: 현장 답사 활동

임사: 주택임대사업자

마통: 마이너스통장

주복: 주상복합아파트

초품아: 초등학교 품은 아파트

관처: 재건축 과정 중 관할 지자체에서 인가받는 '관리처분계획'

추분: 정비사업 조합원이 새 아파트를 분양받을 때 내야 하는 '추가 부담금'

몸테크: 실거주하며 오를 때까지 몸으로 버티기

다운계약: 매물가보다 낮게 실거래가 신고

업계약: 매물가보다 높게 실거래가 신고

공투: 공동투자

구축: 오래된 아파트

대장 아파트: 가격의 상승과 거래를 주도하는 아파트

떡상: 급상승

떡락: 급폭락

뚜껑: 땅에 대한 지분이 없음에도 재개발 입주권이 나오는 무허가 건축물

껍데기: 개발예정지 원주민에게 보상금과 입주권이 나올 경우 이면계약을 통해 보상금을 제외하고 입주권만 매매

통건물: 보상금과 입주권을 모두 파는 경우

찍기: 싸게 나온 물건을 중개인이 계약한 후 고객에게 되파는 방법

상투: 최고가격에 몰린 상태(최고가에서 구매 후 팔지 못한 상태)

설거지: 투기 세력이 손을 털고 나가는 것

분양 관련 약어

모하: 모델하우스

특공: 특별공급

일분: 일반분양

당발: 당첨자 발표

예당: 예비 당첨

오피: 오피스텔

피: 프리미엄

초피: 초반 프리미엄

마피: 마이너스 프리미엄

줄피: 줄을 프리미엄 주고 구입

중대: 중도금대출

융무: 융자 없음

무옵: 無 옵션

풀옵: FULL 옵션

물딱지: 동·호수 발표 전 당첨된 특별 공급 분양권

줍줍: 줍고 주움, 미계약 또는 미분양된 무순위 분양권

RR: 로얄동 + 로얄라인

떴다방: 이동식 불법 중개업소

야장: 당첨자 발표일 밤 열리는 장

원장: 분양 주최 측에서 몰래 빼내 파는 분양권

깜깜이 분양: 홍보 없이 분양하는 방식

청무피사: 청약은 무슨 피 주고 사

대팍대사: 대출 팔고 대출 사

몬나니: 안 좋거나 구박받는 층·호

총알: 돈(자본금)

시사용어

영끌: 영혼까지 끌어모아 아파트를 산다

패닉바잉: 공황 상태에서 구매하는 것

벼락거지: 아무 일도 하지 않았지만 집값이 오르는 바람에 갑자기 거지 신세가 된 무주택자

호텔거지: 정부가 공급하는 호텔 전세방에 사는 무주택자

하우스푸어: 집은 있지만 빈곤하게 사는 사람들

렌트푸어: 급증한 전셋값을 감당하는데 소득의 대부분을 지출하는 사람들

이생집망: 이번 생에 집 사기는 망했다

부동산 블루: 연일 폭등하는 집값과 전셋값으로 좌절감에 빠진 무주택자가 겪는 우울감을 일컫는 말

배배테크: 집값이 너무 오르자 매매계약을 파기한 집주인으로부터 두 배의 위약금을 돌려받는 것을 비꼬는 말

청포족: 높아지는 청약 경쟁률에 주택청약을 포기하는 사람

줍줍족: 청약통장 없이 미분양된 물량을 계약하는 매매인

정책을 보면 부동산이 보인다

- 2019년 12.16 · 2020년 6.17 · 7.10 부동산 정책

부동산 시장에서 수요와 공급, 유동성 다음으로 중요한 것이 바로 정책이다. 부동산 정책이란 '부동산과 관련된 문제를 해결하거나 특정한 정책 목표를 위해 정부에서 추진하는 노선 또는 방침'을 말한다. 그렇기 때문에 부동산을 바라보는 정부의 시선에 따라 크게 달라진다. 필수재인 주택의 공공성 확보를 위한 정부의 정책은 시장의 자율성과 충돌하기도 한다. 특히 대출 조건과 세금 등의 정책은 실수요자에게도 큰 영향을 미치므로 부동산 정책에 대한 전반적인 이해와 나에게 적용되는 구체적인 사항들에 대해서 알아두어야 한다.

2017년 6월 투기 수요를 억제하기 위한 첫 부동산 대책을 발표한 이후, 종부세율과 양도세율을 강화하고 대출을 규제했으며, 주택청약제도 개선, 재건축 초과이익환수제 등을 통해 실수요자 중심의 안정적인 주택시장 관리를 추진하고 있다. 또 전월세 주거 안정성 확대를 위해 임대 등록을 활성화하여 법적으로 임대주택 관리를 강화했고, 임대차 보호법 개정 등으로 임차인의 권리를 강화했다. 신혼부부·청년 주거지원 등 생애 단계별 맞춤형 주거지원 대책을 포함한 주거복지 로드맵도 마련했다. 안정적인 수도권 주택 수급 기반을 갖추기 위해 수도권에 3

기 신도시 등 총 127만 호, 공공 주도로 2025년까지 서울 32만 호, 전국 83만 호의 주택 공급부지를 확보할 계획이다. 단기적으로 투기수요가 추가 유입되며 주택시장이 불안 조짐을 보일 경우 즉각적으로 한층 강력한 시장 안정 조치를 추가로 시행하고 있다.

12.16 부동산 대책

2019년 12월 16일에 발표된 18번째 부동산 대책이다. 투기적 대출 수요 규제 강화, 주택 보유 부담 강화 및 양도소득세 제도 보완, 투명하고 공정한 거래 질서 확립, 실수요자를 위한 공급 확대를 기조로 하는 주택시장 안정화에 목적을 두고 있다.

투기적 대출 수요 규제 강화

부동산 투기수요 억제를 위해 LTV, DSR, DTI 등의 대출 규제를 강화했다. 또한 전세대출을 이용한 갭투자를 방지하기 위해 보증 규제 강화, 신규주택 매입 제한 등의 대책이 포함되었다.

■ LTV 강화: 투기지역 및 투기과열지구의 주택담보대출에 대해 시가에 관계없이 40%의 LTV가 적용돼 가계, 개인사업자, 법인 등 모든 차주의 투기지역, 투기과열지구 주택담보대출에 대하여 시가 9억 원 이하 구간에는 40%, 시가 9억 원 초과 구간에는 20%로 비율을 차등 적용한다.

■ 15억 초과 아파트 주택 구입용 주택담보대출 금지: 투기지역 및 투기과열지구의 다주택자는 대출 금지, 1주택자 및 무주택자는 LTV 40% 차등 적용돼 가계, 개인사업자, 법인 등 모든 차주의 투기지역 및 투기과열지구의 시가 15억 원을 초과하는 초고가 아파트를 담보로 한

주택 구입용 주택담보대출이 금지된다.

■ DSR 관리 강화: 평균 DSR이 업권별 평균 목표 이내가 되도록 각 금융회사별 관리에서 투기지역, 투기과열지구의 시가 9억 원 초과 주택에 대한 담보대출 차주에 대해서는 차주 단위로 규제 적용한다. 은행사는 40%의 DSR이 적용되며, 비은행사는 60%에서 2021년 말 40%로 DSR이 하향 조정될 예정이다.

주택 보유부담 강화 및 양도소득세 제도 보완

종합부동산세 세율이 상향 조정되며, 공시가격을 보다 현실화하기로 하였다. 또한 양도소득세 제도를 장기보유자에게 유리하게 보완하겠다고 발표했다.

투명하고 공정한 거래 질서 확대

기존에 발표했던 민간택지 분양가상한제의 적용 지역을 확대하였다. 거래 질서 조사 체계 강화를 위해 자금조달계획서 제출 대상이 확대되고 신고 항목이 구체화되었다. 공정한 청약 질서를 위한 불법 전매자 청약제한 및 재당첨 제한이 강화되었다. 임대사업자의 취득세·재산세 혜택 축소 및 등록 요건과 의무가 강화되었다.

실수요자를 위한 공급 확대

서울 도심 내 공급 및 수도권 30만 호 공급 등 기존 사업이 차질 없이 조속히 추진될 수 있도록 하고, 관리처분 인가 이후 단계 정비사업 추진, 가로주택정비사업 활성화를 위한 제도 개선, 준공업단지 관련 제도 개선 등이 발표되었다.

6.17 부동산 대책

2020년 6월 17일에 발표한 21번째 부동산 대책이다. 2019년 12.16 부동산 대책 이후 안정화를 보이던 서울 주택시장은 6월 이후 상승 전환하였고, 수도권 및 지방 일부 지역은 과열이 지속되었다. 역대 최저 수준 금리와 유동성의 급격한 증가로 투기수요의 주택시장 유입 가능성이 큰 상황으로 바뀌었다. 비규제지역으로의 투기수요 유입 차단, 법인 매수 및 갭투자 방지, 서울 내 개발 호재 관리 등 불안 요인에 대한 선제적 대응을 위해 발표되었다.

과열지역에 투기수요 유입 차단

무주택자 또는 1주택자가 부동산 규제지역에서 주택 구입을 위해 주택담보대출을 받을 경우, 주택가격에 상관없이 무조건 6개월 이내 전입해야 한다. 또 주택 구매 목적으로 보금자리론을 받을 경우, 3개월 이내 전입 및 1년 이상 실거주 의무가 추가되며, 전세대출을 받아 투기지역이나 투기과열지구의 시가 3억 원 초과 아파트를 신규 구입하면 전세대출이 즉시 회수 조치된다.

경기·인천·대전·청주 대부분이 조정대상지역으로 지정되었고 경기·인천·대전 17개 지역은 투기과열지구로 지정하였다.

법인 부동산 투기수요 근절

주택 매매 및 임대사업자의 주택담보대출을 금지한다. 부동산 매매업 관리 강화와 법인 거래 조사를 강화한다. 2021년 6월부터 법인이 보유한 주택에 대한 종합부동산세에 대해서는 일괄적으로 3~4%의 최고세율이 적용된다.

강남 4개 동 토지거래허가제 시행

서울국제교류협력지구(SIC) 인근 잠실동, 삼성동, 대치동, 청담동 4곳은 1년간 토지거래허가구역으로 지정되어 구청장 허가를 받아야 매매가 가능하며, 실거주 목적이 아니면 매매가 금지된다.

정비사업 규제 정비

재건축안전진단 절차를 강화하고 재건축 부담금 제도를 개선하였다. 수도권 투기과열지구 재건축 아파트에서는 조합원 분양 신청 시까지 도합 2년 이상 거주한 경우에 한해 분양 신청이 가능하다.

7.10 부동산 대책

2020년 7월 10일에 발표된 22번째 부동산 대책으로 서민 실수요자 부담 경감을 위해 다주택자·단기거래에 대한 부동산 세제 강화, 공급 물량 확대, 기준 완화 및 등록임대사업자 폐지 등의 내용을 주로 하고 있다.

취득세율 인상

다주택자·법인 등에 대한 취득세율을 2주택은 8%, 3주택 이상과 법인은 12% 인상한다. 여기에 개인에서 법인으로의 전환을 통한 세부담 회피를 방지하기 위해 부동산 매매·임대업 법인은 현물출자에 따른 취득세 감면 혜택(75%)을 배제하기로 했다. 취득세율 인상은 국회 입법(지방세법 개정안)을 통해 조정대상지역은 2주택자부터 8%, 3주택자 이상은 12%의 취득세율이 적용된다. 이외 지역은 2주택자까지는 주택 가액에 따라 1~3%의 취득세율이 적용되며 3주택자는 8%, 4주택자는 12%의 세율이 적용된다. 법인은 예외 없이 12%를 적용받는다.

서민·실수요자 부담 경감

생애최초 특별공급 적용 대상 주택 범위 및 공급 비율을 확대한다. 적용 대상은 국민주택·민영주택이며, 공급 비율은 국민주택의 경우 20%→25%까지 확대하고, 85m² 이하 민영주택 중 공공택지는 분양 물량의 15%를, 민간택지는 7%를 배정한다.

■ 신혼부부 특별공급 소득 기준 완화 및 취득세 감면: 분양가 6억 원 이상 신혼희망타운에 대해서는 도시근로자 월평균소득 130%(맞벌이 140%)까지 확대, 민영주택의 경우 분양가 6억 원 이상 민영주택에 대해서는 최대 130%(맞벌이 140%)까지 소득 기준을 완화한다. 또 현재 신혼부부에 대해서만 허용하는 생애최초주택 구입 시 취득세 감면 혜택을 연령·혼인 여부와 관계없이 확대 적용한다

■ 서민·실수요자 소득 기준 완화: 규제지역 LTV·DTI를 10% 우대하는 서민·실수요자 소득기준을 완화한다. 투기지역·투기과열지구, 조정대상지역의 소득 기준을 부부 합산 연소득 8천만 원 이하(생애최초 구입자 9천만 원 이하)로 개선하였다.

■ 청년층 포함 전월세 대출 지원 강화: 전세의 경우 청년(만 34세 이하) 버팀목 대출금리를 0.3% 인하(1.8~2.4%→1.5~2.1%)하며, 대출 대상(보증금 7천만→1억 원)과 지원 한도(5천만→7천만 원)도 확대한다. 월세의 경우 청년 전용 보증부 월세 대출금리를 0.5% 인하한다(보증금 1.8%+월세 1.5%→보증금 1.3%+월세 1.0%).

2021년부터 달라지는 부동산 정책

- 청약제도, 종부세, 양도세, 임대차법 관련

2021년부터 달라지는 부동산 정책과 이슈를 알아두자. 청년, 신혼부부라면 특별공급 확대 물량, 무주택자라면 3기 신도시 사전청약이 중요하다. 다주택자라면 무엇보다 달라지는 세금에 대해 꼼꼼하게 알아두자. 분양가상한제 주택의 거주 의무와 전월세신고제, 주택 수에 포함되는 분양권 이슈 등도 기억해야 한다.

1. 특별공급 내 일반공급 물량 확대 및 기준 완화(1월)

기존 신혼부부 특별공급의 경우 물량의 75%를 소득 요건 100%(맞벌이 120%) 이하인 사람에게 우선공급되었지만, 이 비율이 2021년에는 70%

구분		신혼부부 특별공급	생애최초 특별공급
공공분양	우선(70%)	100%(맞벌이 120%)	100%
	일반(30%)	130%(맞벌이 140%)	130%
신혼희망타운		130%(맞벌이 140%)	-
민영	우선(70%)	100%(맞벌이 120%)	130%
	일반(30%)	140%(맞벌이 160%)	160%

로 줄어들고 대신 상위 소득에 해당하는 일반공급 비율이 기존 25%에서 30%로 늘어난다. 신혼부부 특별공급, 공공분양 일반공급 물량과 생애최초 특별공급 물량은 추첨제로 진행된다.

2. 아파트 입주 예정일 사전 통보 및 입주지정기간 신설(1월)

기존 일부 사업 주체가 모집 공고일상의 입주 예정일과 다르게 통보하는 경우가 많아 입주민이 잔금 마련 및 주택 처분에 어려움이 있었다. 2021년 1월부터는 실제 입주가 가능한 날부터 2개월 전 입주 예정일을 통보하고 공급 계약서에 이를 명시하도록 한다.

3. 분양권도 주택 수에 포함(1월)

기존에 양도세를 부과할 때 분양권은 주택 수에 포함하지 않지만, 조정대상지역의 주택을 팔 때 분양권도 주택 수에 포함돼 양도세가 부과된다. 다만 2021년 1월 1일 이후 취득한 분양권에 대해서만 이 사항을 적용하고 이전 보유 중인 분양권은 해당하지 않는다

4. 종합부동산세 인상 및 1가구 1주택자 세액 공제 확대(1월)

2주택 이하 보유자의 경우 과세표준 구간별로 0.1~0.3%, 3주택 이상과 조정대상지역 2주택자는 과세표준 구간별로 0.6~2.8% 인상된다. 기숙사 등을 제외한 법인 보유 주택에 대해서는 개인 최고세율을 적용해 2주택 이하는 3%, 3주택 이상은 6%가 일괄 적용된다. 1가구 1주택자인 60세 이상 고령자라면 연령 공제 20~40%, 보유 공제 20~50%를 합쳐 최대 80%까지 공제 가능하다.

종합부동산세 세부담 상한

기존			개정안		
일반	조정지역 2주택	3주택 이상	일반	조정지역 2주택	3주택 이상
150%	200%	300%	150%	300%	300%

5. 1가구 1주택 비과세 보유 기간 산정 방식 변경(1월)

1가구 1주택 양도세 비과세 조건인 주택 2년 이상 보유 기간 산정 방식이 바뀐다. 2주택 이상 보유했던 세대가 1주택을 제외하고 모두 팔아 1주택자가 돼 해당 주택에 대한 1가구 1주택 세금을 면제받으려면 보유 기간 산정 시 해당 주택 취득일이 아니라 '다른 주택을 모두 판 뒤 1주택자가 된 날'로부터 계산해야 한다. 다만, 일시적 2주택 등 부득이한 사유로 인해 1주택 비과세를 받는 주택은 예외로 한다.

6. 법인이 보유한 주택 양도 시 추가 세율 인상(1월)

법인이 주택을 양도 시 양도 차익에 대한 기본 법인세율(10~25%)에 더해 추가 과세되는 세율을 10%에서 20%로 인상한다. 추가 세율 적용 대상은 주택을 취득하기 위한 권리(조합원 입주관리 분양권) 양도 시에도 추가 세율이 적용된다.

7. 전매 행위 위반자 청약 자격 제한(2월 19일)

지금까지는 위장 전입을 하거나 허위 임신 진단서를 발급받는 등 공급 질서를 교란시킨 자에게만 청약 금지 불이익을 줬다. 그러나 2021년 2월 19일부터는 분양권 전매 제한을 위반하거나 알선한 사람도 공급 질서 교란자와 동일하게 위반 행위를 적발한 날부터 10년간 청약 자격이 제한된다.

8. 민간택지 분양가상한제 아파트 거주의무 신설(2월 19일)

분양가상한제 적용 대상 주택의 거주 의무 기간이 민간택지인 경우에도 2~3년으로 결정됐다. 현재는 공공택지 공공분양 주택에만 3~5년의 거주 의무 기간이 있는데, 이를 민간택지와 공공택지 민간 분양에도 확대한 것이다. 의무 거주는 2021년 2월 19일 이후 입주자 모집 승인을 신청하는 단지부터 적용된다. 거주 의무 기간 중 해외 체류, 직장 근무 등 사유도 거주한 것으로 간주, 거주 의무 기간 중 이사할 경우 LH 등에 우선 매각해야 한다.

구분	분양가	거주 의무 기간
공공택지	80% 이상 ~ 100% 미만	3년
	80% 미만	5년
민간택지	80% 이상 ~ 100% 미만	2년
	80% 미만	3년

9. 전월세신고제 시행(6월)

2021년 6월부터는 주택 전세, 월세 계약 시에 전반적인 계약 사항을 임대차 계약 당사자가 30일 이내에 시·군·구청에 공동으로 신고해야 한다. 신고와 동시에 확정일자가 부여된다. 또 주택임대차 계약 신고 후 해당 주택임대차 계약의 보증금, 임대료 등 가격이 변경되거나 임대차 계약이 해제된 경우에도 변경이나 해제가 확정된 날부터 30일 이내에 공동으로 신고해야 한다. 전월세신고제가 적용될 지역과 임대료의 범위는 대통령령으로 정해진다. 임대차 계약 내용을 신고하지 않거나 거짓으로 신고하면 100만 원 이하의 과태료가 부과된다. 오피스텔, 고시원 등 주택이 아닌 경우에는 신고 대상이 아니다.

10. 2년 미만 보유 및 조정대상지역 다주택자 양도 소득세율 인상(6월)

현재는 1년 미만 보유 주택은 40%, 2년 미만 보유 주택은 기본 세율을 적용했으나 2021년 6월 이후 양도분에 대해서는 세율이 1년 미만 보유 주택은 70%로 현재보다 30% 인상된다. 2년 미만 보유 주택은 60%의 단일 세율을 적용한다. 분양권의 양도 소득세율도 현재는 조정대상지역에 위치한 분양권에 대해 보유 기간과 상관없이 50% 세율을 적용했지만, 2021년 6월 이후 양도하는 분양권에 대해서는 지역에 상관없이 1년 미만 보유 시 70%, 그 외의 경우에는 60%의 세율을 적용한다. 또 다주택자가 조정대상지역의 주택을 팔 때 적용하는 양도세 중과세율은 현재 기본 세율에 더해 2주택자는 10%, 3주택 이상 소유자는 20%를 중과했지만, 2021년에는 각각 20%와 30%로 인상된다.

구분 주택 · 입주권		현행		개정	
		주택 · 입주권	분양권	주택 · 입주권	분양권
보유 기간	1년 미만	40%	조정대상지역 50%, 기타 지역 기본 세율	70%	70%
	2년 미만	기본 세율		60%	60%
	2년 이상	기본 세율		기본 세율	

11. 사전청약제도 시행(7~12월)

사전청약은 본청약보다 1~2년 전에 일부 물량에 대해 당첨자를 선정하는 제도로, 주택 조기 공급을 통해 주택시장을 안정화하기 위함이다. 2021년 7~12월 하남 교산, 남양주 왕숙 등 3기 신도시와 수도권 주요 택지의 공공분양 아파트 6만 가구에 대해 사전청약이 시작된다. 당첨된 뒤 본청약까지 무주택자 요건을 유지해야 자격이 유지된다.

추진 일정	사전청약 주요 일정 *3기 신도시
7~8월	인천계양*, 노량진역 인근 군부지, 남양주진접2, 성남복정1·2, 의왕청계2, 위례 등
9~10월	남양주왕숙2*, 남태령군부지, 성남신촌, 성남낙생, 시흥하중, 의정부우정, 부천역곡 등
11~12월	남양주왕숙*, 부천대장*, 고양창릉*, 하남교산*, 과천과천, 군포대야미, 시흥거모, 안산장상, 안산신길2, 남양주양정역세권 등

12. 조합원 분양 신청 자격 강화

수도권 투기과열지구 내의 재건축 사업장에서는 조합원 분양 신청 시까지 2년 이상 거주해야 분양 신청을 할 수 있다. 이때 거주 기간은 연속으로 거주하지 않아도 합산해 2년 이상이면 된다. 거주 요건을 갖추지 못한 조합원은 감정가(또는 시가)로 현금 청산을 받고 나가야 한다. 도시 및 주거환경정비법 개정 이후 최초 조합 설립 인가 신청 사업부터 적용된다. 입찰도 1년간 제한한다.

알쓸다잡 부동산 잡학사전

◇◇◇

부동산 규제지역 지정 현황
(국토교통부, 2020.12.18)

지역	투기과열지구(49개)	조정대상지역(111개)
서울	전 지역(2017.8.3)	전 지역(2016.11.3)
경기	과천(2017.8.3) 성남분당(2017.9.6) 광명, 하남(2018.8.28), 수원, 성남수정, 안양, 안산단원, 구리, 군포, 의왕, 용인수지·기흥, 동탄2*주1(2020.6.19)	과천, 성남, 하남, 동탄2(2016.11.3), 광명(2017.6.19) 구리, 안양동안, 광교지구(2018.8.28) 수원팔달, 용인수지 · 기흥(2018.12.31) 수원영통·권선·장안, 안양만안, 의왕(2020.2.21) 고양, 남양주*주2, 화성, 군포, 부천, 안산, 시흥, 용인처인*주3, 오산, 안성*주4, 평택, 광주*주5, 양주*주6, 의정부(2020.6.19) 김포*주7(2020.11.20) 파주*주8(2020.12.18)
인천	연수, 남동, 서(2020.6.19)	중구*주9, 동구, 미추홀구, 연수구, 남동구, 부평구, 계양구, 서구(2020.6.19)
부산	-	해운대, 수영, 동래, 남, 연제(2020.11.20) 서구, 동구, 영도구, 부산진구, 금정구, 북구, 강서구, 사상구, 사하구(2020.12.18)
대구	수성(2017.9.6)	수성(2020.11.20) 중구, 동구, 서구, 남구, 북구, 달서구, 달성군*주10(2020.12.18)
광주	-	동구, 서구, 남구, 북구, 광산구(2020.12.18)
대전	동, 중, 서, 유성(2020.6.19)	동, 중, 서, 유성, 대덕(2020.6.19)
울산	-	중구, 남구(2020.12.18)
세종	세종(2017.8.3)	세종*주11(2016.11.3)

충북	–	청주*주12(2020.6.19)
충남	–	천안동남*주13 · 서북*주14, 논산*주15, 공주*주16 (2020.12.18)
전북	–	전주완산 · 덕진(2020.12.18)
전남	–	여수*주17, 순천*주18, 광양*주19(2020.12.18)
경북	–	포항남*주20, 경산*주21(2020.12.18)
경남	창원의창*주22(2020.12.18)	창원성산(2020.12.18)

*제외 지역

주1) 화성시 반송동 · 석우동, 동탄면 금곡리 · 목리 · 방교리 · 산척리 · 송리 · 신리 · 영천리 · 오산리 · 장지리 · 중리 · 청계리 일원에 지정된 동탄2택지개발지구에 한함

주2) 화도읍, 수동면 및 조안면 제외

주3) 포곡읍, 모현읍, 백암면, 양지면 및 원삼면 가재월리 · 사암리 · 미평리 · 좌항리 · 맹리 · 두창리 제외

주4) 일죽면, 죽산면, 삼죽면, 미양면, 대덕면, 양성면, 고삼면, 보개면, 서운면 및 금광면 제외

주5) 초월읍, 곤지암읍, 도척면, 퇴촌면, 남종면 및 남한산성면 제외

주6) 백석읍, 남면, 광적면 및 은현면 제외

주7) 통진읍, 대곶면, 월곶면 및 하성면 제외

주8) 문산읍, 파주읍, 법원읍, 조리읍, 월롱면, 탄현면, 광탄면, 파평면, 적성면, 군내면, 장단면, 진동면 및 진서면 제외

주9) 을왕동, 남북동, 덕교동 및 무의동 제외

주10) 가창면, 구지면, 하빈면, 논공읍, 옥포읍, 유가읍 및 현풍읍 제외

주11) 건설교통부고시 제2006-418호에 따라 지정된 행정중심복합도시 건설 예정지역으로, 「신행정수도 후속대책을 위한 연기 · 공주지역 행정중심복합도시 건설을 위한 특별법」제15조제1호에 따라 해제된 지역을 포함

주12) 낭성면, 미원면, 가덕면, 남일면, 문의면, 남이면, 현도면, 강내면, 옥산면, 내수읍 및 북이면 제외

주13) 목천읍, 풍세면, 광덕면, 북면, 성남면, 수신면, 병천면 및 동면 제외

주14) 성환읍, 성거읍, 직산읍 및 입장면 제외

주15) 강경읍, 연무읍, 성동면, 광석면, 노성면, 상월면, 부적면, 연산면, 벌곡면, 양촌면, 가야곡면, 은진면 및 채운면 제외

주16) 유구읍, 이인면, 탄천면, 계룡면, 반포면, 의당면, 정안면, 우성면, 사곡면 및 신풍면 제외

주17) 돌산읍, 율촌면, 화양면, 남면, 화정면 및 삼산면 제외

주18) 승주읍, 황전면, 월등면, 주암면, 송광면, 외서면, 낙안면, 별량면 및 상사면 제외

주19) 봉강면, 옥룡면, 옥곡면, 진상면, 진월면 및 다압면 제외

주20) 구룡포읍, 연일읍, 오천읍, 대송면, 동해면, 장기면 및 호미곶면 제외

주21) 하양읍, 진량읍, 압량읍, 와촌면, 자인면, 용성면, 남산면 및 남천면 제외

주22) 대산면 제외

특단의 부동산 공급 정책

–공공주도의 2.4 부동산 대책

정부가 주택시장 안정을 위해 2.4 부동산 대책을 발표했다. 한국토지주택공사(LH)와 서울주택도시공사(SH) 등 공공기관이 주도해 서울 32만 3,000호, 경인 지역 29만 3,000호, 5대 광역시 등 전국에 총 83만 6,000호를 공급한다고 밝혔다. 이번 정부 공급 대책 중 최대 규모로 기존 주거복지 로드맵 및 3기 신도시까지 포함하면 역대 최대 수준의 공급 대책이다. 특히 서울 시내 공급이 핵심인 만큼 강남과 여의도 등 주요 업무지구와의 접근성이 뛰어나 수요층이 두터울 것으로 기대된다.

2.4 공급 대책이 나온 배경은 계속되는 부동산 정책에도 끊임없이 오르는 집값과 이로 인한 주택시장 불안이다. 무엇보다 도심 내 주택이 부족하다는 우려가 계속 제기되면서 주택시장 안정을 위해 국민들이 원하는 입지와 유형의 주택을 도심에 공급할 수 있도록 방안을 마련했다.

도심 공공주택 복합사업으로 신속 개발

역세권·준공업지역·저층주거지 등을 개발하는 도심 공공주택 복합사업과 소규모 재개발을 통해 총 30만 6,000호를 공급한다. 도심 공공주택 복합사업이란 토지주와 민간기업, 지자체가 도시 내 개발이 덜 된

우수 입지를 발굴해 LH·SH에 주택 및 거점 복합 조성을 제안하고 신속하게 개발하는 방식이다. 지구 지정 1년 이내 토지주 등 2/3가 동의하면 사업이 확정, 공기업의 부지 확보 및 지자체의 신속 인허가(통합 심의) 등을 거쳐 착공하는 공공 주도 패스트트랙으로 진행된다. 용적률 상향·기부채납 완화 등 사업성을 대폭 제고하고 토지소유자에게는 기존 자체 사업 추진 방식 대비 10~30%가량 높은 수익률과 아파트·상가 우선공급 등의 혜택을 보장한다.

공공이 직접 시행하는 정비사업

재개발·재건축 정비구역에 공공이 직접 시행자로 나서 총 13만 6,000호를 공급한다. 공공 직접 시행 정비사업은 주민 동의를 거쳐 LH·SH가 재개발·재건축을 직접 시행, 사업·분양 계획 등을 주도해 신속히 사업을 추진하는 방식이다. 조합원의 과반수가 요청하면 공기업이 직접 정비사업을 시행하며 조합 총회 및 관리처분 인가 절차 생략, 통합 심의 등 혜택과 기존 13년 이상의 사업 기간이 5년 이내로 단축되는 것이 특징이다. 사업성 개선을 위해 법적 상한 용적률의 120% 상향, 재건축

공공 직접 시행의 차이점

사업 절차 측면	사업 내용 측면
①조합+관리처분 방식→공기업 단독+현물 선납 방식 ②개별 심의→통합 심의 ③평균 13년 소요→5년 이내 이주	①조합원 기본 수익→기본 수익+10~30% ②사업 리스크 조합원 부담(인허가, 경기변동 및 개발비용 등)→공기업이 리스크 전담 ③재건축 초과이익 환수제+2년 거주 의무→미적용 ④기부채납 20~25%→재개발 15%, 재건축 9% 내외 ⑤재건축 공공임대 없음→재건축도 5~10% 공공임대 의무화 ⑥정비계획상 용적률→추가 용적률+특별건축구역

조합원 2년 거주 의무 미적용, 재건축 초과이익 부담금 미부과 등의 인센티브가 적용된다. 조합원에게는 기존 정비계획 대비 10~30%가량의 추가 수익 보장, 장래 부담 아파트값을 현물 선납(양도세 비과세) 후 정산 방식을 통한 분담금 증가 리스크 제거 등의 혜택도 부여된다.

도시재생과 단기 공급 물량 확대

기존 도시재생 사업 방식을 개선해 3만 호를 추가로 공급한다. 공공이 주거 쇠퇴 지역에 지구 단위 주택 정비를 추진하는 '주거재생혁신지구'를 신설해 도시재생 지구 내 신규 주택공급을 활성화하고, 정비사업·도심공공주택복합사업 등을 연계하는 '주거재생 특화형 뉴딜사업'을 신설해 연간 120곳 이내 사업지를 선정해나갈 계획이다. 신규 택지도 서울 인근, 광역시 등 전국 15~20곳의 지역에 추가로 지정해 26만 3,000호 규모로 공급된다. 이 밖에도 2020년 11월 발표된 11만 4,000호 규모의 전세 대책 공급 계획 일환으로 도심 내 단기 입주가 가능한 물량을 비주택 리모델링 및 신축 매입 약정을 통해 총 10만 1,000가구를 확충할 예정이다. 공실 호텔이나 오피스를 청년주택(기숙사 등)으로 바꾸는 리모델링을 활성화하기 위한 준주택 관련 제도를 개선하고, 공사비 기금 지원 및 세제 혜택 강화, 리츠 신설 및 매입자금 지원 강화 등을 추진해 무주택 실수요자에게 내 집 마련의 기회를 늘릴 계획이다.

일반공급 비율 높이고 추첨제 신설

3040세대 등 무주택 실수요자들의 내 집 마련의 기회를 보장하기 위해 총 물량 중 70~80%는 아파트로 공급한다. 서울 수도권 등 주요 도심에는 시세 대비 저렴한 공공분양 주택 공급을 대폭 확대하며 공공임대주택도 현재보다 확대하고, 일부는 공공자가주택으로 공급한다.

또 전용면적 85m² 이하의 공급 물량 중 일반공급 비율을 15%에서 50%로 상향하고, 그동안 저축 총액 순으로만 공급되어온 일반공급량에 대해서도 추첨제(30%)를 도입하여 폭넓은 기회를 부여한다.

투기수요 차단과 현금 청산 투기수요 차단을 위해 우선공급권은 1세대 1주택 공급을 원칙으로 하고, 2021년 2월 4일 이후 사업 구역 내에서 기존 부동산을 신규 매입한 자는 우선공급권을 부여하지 않고 현금 청산을 방침으로 한다. 또 사업 예정 지역은 토지거래허가구역으로 지정해 실거주 목적이 아닌 매입을 제한하고, 사업 예정 구역 및 인근 지역의 이상 거래 등 투기 수요에 대한 실거래 기획 조사 및 현장 점검 등을 강화한다. 특히 최근 거래가 또는 거래량이 예전보다 10~20% 상승 시 사업 대상 지역에서 제외한다.

Chapter 3

내 집 구하기 첫 번째!
전월세 구하기

FOR SALE

나에게 맞는 전월세 찾기

- 월세 vs 전세 vs 반전세

사회 초년생이나 신혼부부라면 전월세를 통해 생애 첫 번째 집을 마련하는 경우가 대부분이다. 전월세의 경우도 보증금과 월세가 발생하는 만큼 소득 수준 및 가용 자금, 대출 가능 정도, 직장 위치를 고려해 신중하게 집을 구해야 한다.

월세 vs 전세 비교하기

월세

월세는 임차인(세입자)이 임대인(집주인)에게 월 단위로 집세를 내는 임대차 계약 방식이다. 일정 금액을 보증금으로 내고 매월 일정한 집세를 내는 것을 '보증부 월세', 따로 보증금 없이 매월 집세만 내는 것을 '무보증 월세'라고 한다. 월세의 경우 매월 내는 집세와, 별도로 관리비를 내는 경우가 대부분이다. 관리비가 높은 오피스텔의 경우 꼼꼼하게 따져봐야 한다.

전세

주택가격의 일부를 보증금으로 맡기고 집을 빌려 거주한 뒤 계약 기간이 끝나면 보증금을 돌려받는 임대차 계약 방식이다. 집주인은 부족한 주택 구입 자금을 전세자금을 이용하여 무이자로 융통하고, 세입자는 매달 이자를 부담하는 것보다 주택의 절반 가격 정도에서 주택을 임차하는 방식이다. 월세를 내지 않는다는 점에서 월세와 차별화되지만 상대적으로 큰 금액의 보증금을 내는 만큼 계약 만료 후 보증금 반환이 중요하다.

반전세

기존의 전세와 월세가 혼합된 임대차 계약 방식이다. 일정 보증금을 내고 월 단위로 집세를 내는 보증부 월세와 동일하다. 대부분 전세 재계약 시점에서 집주인이 전세금 증액을 요구하는 경우 추가 전세금을 그에 상응하는 월세로 돌리는 계약 형태다. 또는 임대인이 월세 비중을 늘리고 싶을 때 이와 같은 형태로 계약한다.

전월세 장단점

구분	장점	단점
월세	·단기간 거주하기 좋다. ·전세보다 보증금이 낮아 경제적 부담이 덜하다. ·소득 조건이 된다면 월세 소득공제를 받을 수 있다.	·매월 월세와 관리비가 고정 지출된다. ·오피스텔의 경우 관리비 부담이 크다.
전세	·계약 기간 동안에는 매달 들어가는 세가 없어 고정 지출에 대한 부담이 낮다. ·계약이 완료된 후에 목돈을 돌려받을 수 있다.	·초기에 보증금으로 목돈이 들어가 부담이 된다. ·집값이 오르면 전세금도 올라 보증금 상승에 대한 걱정이 있다. ·매물이 적어질수록 비싸지며 계약 만료 후 깡통 전세 우려가 있다.

전전세 vs 전대차 비교하기

전전세란 전세를 얻은 자가 일부 또는 전부를 월세로 다시 세를 놓는 것을 가리킨다. 전세권자가 자기의 전세권 설정 행위로 존속 기간 동안 타인에게 전세권을 양도 또는 담보로 제공할 수 있다. 단 전전세 설정은 '전세권설정등기'에 의해 효력이 생긴다. 그리고 원전세권의 존속 기간을 초과하여 약정한 경우에는 원전세권의 존속 기간으로 단축된다. 전전세권이 설정되더라도 전세권은 소멸되지 않지만 전세권이 소멸되면 전전세권도 소멸한다.

전대차는 '전세권설정등기'가 없는 기존 세입자에게 다시 세를 얻는 것을 말한다. 집주인의 동의가 필요 없는 전전세와 달리 전대차는 반드시 집주인의 허락이 필요하다. 만약 집주인의 허락이 없었다면 집주인은 기존 세입자와의 계약을 해지할 수 있다. 하지만 기존 세입자가 전부가 아닌 일부만 타인에게 사용하게 하는 경우에는 집주인의 동의가 필요 없다.

부동산 꿀팁

오피스텔 전월세 계약 시 부가가치세를 확인하자

오피스텔의 경우 월세 외에 부가가치세를 내야 하는지 꼭 확인하자. 월세가 50만 원이라면 부가가치세 5만 원까지 더해서 총 55만 원을 내야 한다. 오피스텔 임대인이 일반과세자로 사업자등록이 되어 있을 경우 임차인은 월세의 10%를 부가가치세로 납부하고 세금계산서를 발행받는다. 부가가치세로 발생할 문제를 미연에 방지하고 싶다면 임대차계약서 작성 시 특약 조건에 월세에 부가세 포함 여부에 대하여 구체적으로 기재하는 것이 좋다.

똑똑하게 전월세 구하기

-전월세 구하는 과정 9단계

첫 번째 부동산 거래라도 걱정할 필요는 없다. 전월세를 구하는 과정을 하나씩 하나씩 살펴보고 직접 손품 발품을 팔며 차근차근 준비하면 내 집 구하기 프로젝트를 성공적으로 마칠 수 있다.

전월세 구하는 9단계

1. 가용 자금 확인 및 대출 계획

현재 내가 얼마의 돈을 가지고 있는지 가용 자금을 가장 먼저 확인해야 한다. 월세와 전세, 반전세의 경우 가용 자금 사정에 따라 선택하게 된다. 보증금으로 사용할 가용 자금이 적다면 월세, 아니면 전세자금 대출을 통해 전셋집을 구할지 결정하자.

2. 집 종류 및 지역 선택

월세와 전세 중에서 선택했다면 이제 어느 지역에 집을 구할지 정하자. 직장인의 경우 출퇴근 시간을 고려해 직장에서 가까운 지역으로 알아보는 것이 좋다. 임대료와 이사 걱정을 덜고 싶다면 '등록임대주택' 또는 전세형 공공임대인 '질 좋은 평생주택' 제도를 알아보자.

3. 정보 수집 및 시세 파악

얼마나 발품과 손품을 팔았느냐에 따라 저렴하고 좋은 집을 구할 수 있다. 원하는 지역의 실제 거래 금액을 알고 싶다면 국토교통부 실거래가 공개시스템, 한국감정원의 부동산 통계정보, 한국토지공사에서 운영하는 부동산정보 포털 사이트인 씨:리얼을 이용해 보자. 그 외에도 호갱노노, 아실 등 부동산 관련 앱을 통해서도 쉽게 시세를 파악할 수 있다.

4. 부동산 방문 및 집 구경

지역을 정했고 어느 정도 시세를 파악했다면 부동산 중개사무소를 방문해보자. 중개사무소는 부동산 거래 사고 발생 시 손해배상을 받을 수 있는 보증보험증명서가 있는 곳으로 선택하자. 구경한 매물은 사진으로 기록을 남기고, 관리비 등의 사항은 꼼꼼하게 확인한 뒤 메모해두자.

5. 계약 및 잔금 치르기

마음에 드는 집을 골랐다면 다음은 계약 차례다. 일정 금액의 보증금이 들어가는 만큼 부동산 서류부터 계약서 작성까지 꼼꼼하게 확인하고 계약하는 것이 중요하다. 계약서 작성 전에는 집 안 상태 점검과 등기부등본을 확인해 집의 소유자, 담보 유무를 반드시 확인하자. 임대인과 직접 하는 게 가장 안전하며 집 수리 등 세부 사항에 대해서는 계약서에 특약 사항으로 자세하게 기록하는 것이 좋다.

6. 이사하기

이사 업체를 미리 선택하면 비용을 아낄 수 있다. 이사 업체의 경우 피해배상 이행보증보험에 가입된 정식 허가를 받은 업체인지 확인하자. 방문 견적의 경우 금액은 물론 차량이나 인원, 시간 등 서비스 조건도 꼼꼼하게 비교하고 견적은 무조건 서면 견적으로 계약하자. 이사 완료 후에는 파손 및 분실 상태를 확인하고 피해 사실이 있을 경우 현장에서 직원에게 확인서를 받고 증거 사진을 꼭 찍어두자.

7. 전입신고와 확정일자

전입신고와 확정일자는 임차인이 주민센터에 가서 받아야 한다. 이삿날이 주말인 경우 집 주인의 양해를 구해서 이사 전 평일에 미리 전입신고를 하고 확정일자를 받는 것이 좋다. 전입신고의 경우 '정부24' 홈페이지, 확정일자의 경우 '대법원 인터넷등기소'에서도 가능하다.

8. 계약 연장

임대인은 임차인에게 임대차 기간 만료 6개월~1개월 전까지, 임차인은 임대인에게 만료 1개월 이내에 계약해지에 대한 통지가 없다면 '묵시적 갱신'으로 간주하여 동일한 조건으로 계약 기간이 2년 연장된다. 해당 기간 내에 통보할 시 재계약 체결을 통해 새로운 계약서를 작성한다.

9. 이사 나가기

이사를 나갈 때는 다음에 들어올 세입자에게 보증금을 받아 그 돈으로 보증금을 지급하는 경우가 대부분이다. 그렇기 때문에 임대인이 세입자를 구할 수 있도록 최소 3개월 전에는 이사 의사를 밝히는 것이 좋다. 만약 집주인이 보증금을 돌려주지 않을 경우 임차권 양도, 임차권 등기명령, 보증금 반환 소송을 진행할 수 있다. 주택임대차 분쟁조정제도를 이용하면 외부 전문가를 통한 정식 분쟁조정이 가능하다.

알쓸다잡 부동산 잡학사전

◇◇◇

저금리 전월세자금 대출 상품 7

1. 주거 안정 월세 대출

월세 부담으로 고민인 청년들을 위한 청년전용 주거 안정 월세자금 대출

대출 대상	우대형: 취업준비생, 희망키움통장 가입자, 근로장려금 수급자, 사회 초년생, 자녀장려금 수급자, 주거급여수급자 일반형: 부부 합산 연소득 5천만 원 이하로, 우대형에 해당하지 않는 경우 공통: 부부 합산 순자산가액 2.92억 원 이하		
대출 금리	우대형: 연 1.0%, 일반형: 연 2.0%		
대출 한도	최대 960만 원(월 40만 원 이내)		
대출 기간	2년(4회 연장, 최장 10년 이용 가능)		
부담 비용	인지세: 고객 · 은행 각 50% 부담 | 보증서 담보 취급 시 보증료		
담보 취득	한국주택금융공사 전세대출보증	상환 방법	일시상환

2. 중소기업 취업 청년 전월세보증금 대출

중소기업에 취업한 청년들을 위한 저금리 전월세보증금 대출

대출대상	부부 합산 연소득 5천만 원 이하(외벌이 3천 5백만 원 이하), 순자산가액2.92억 원 이하 무주택세대주(예비 세대주 포함) 중소·중견기업 재직자 또는 중소기업진흥공단, 신용보증기금 및 기술보증기금의 청년창업 지원을 받고 있는 자 만 19세 이상~만 34세 이하 청년 (병역의무를 이행한 경우 복무 기간에 비례하여 자격 기간을 연장하되 최대 만 39세까지 연장)
대출 금리	연 1.2%
대출 한도	최대 1억 원 이내

대출 기간	최초 2년(4회 연장, 최장 10년 이용 가능)		
부담 비용	인지세: 고객·은행 각 50% 부담 | 보증서 담보 취급 시 보증료		
담보 취득	한국주택금융공사 전세대출보증·주택도시보증공사 전세금안심대출보증 중 하나	상환 방법	일시상환

3. 청년 전용 보증부월세 대출

청년들을 위한 저금리 전월세보증금 및 월세 대출

대출 대상	부부 합산 연소득 2천만 원 이하, 순자산가액 2.92억 원 이하 무주택 단독 세대주(예비세대주 포함) 만 19세 이상~만 34세 이하 청년		
대출 금리	보증금 최대 3천 5백만 원 이내		
대출 한도	최대 1억 원 이내		
대출 기간	2년(4회 연장, 최장 10년 이용 가능)		
부담 비용	인지세: 고객 · 은행 각 50% 부담 | 보증서 담보 취급 시 보증료		
담보 취득	주택도시보증공사 전세금안심대출보증	상환 방법	일시상환

4. 청년 전용 버팀목전세자금

전세자금이 부족한 청년들을 위한 청년 전용 버팀목전세자금 대출

대출 대상	부부 합산 연소득 5천만 원 이하, 순자산가액 2.92억 원 이하 무주택 단독 세대주(예비세대주 포함) 만 19세 이상~만 34세 이하의 세대주(예비 세대주 포함)		
대출 금리	연 1.5%~2.1%		
대출 한도	최대 7천만 원 이내(임차보증금의 80% 이내)		
대출 기간	최초 2년(4회 연장, 최장 10년 이용 가능)		
부담 비용	인지세: 고객·은행 각 50% 부담 | 보증서 담보 취급 시 보증료		
담보 취득	주택도시보증공사 전세금안심대출보증	상환 방법	일시상환 또는 혼합상환

5. 근로자 및 서민의 주거 안정을 위한 버팀목전세자금

근로자 및 서민의 주거 안정을 위한 전세자금 대출

대출 대상	부부 합산 연소득 5천만 원 이하, 순자산가액 2.92억 원 이하 무주택세대주(만 25세 미만 단독세대주 제외)		
대출 금리	연 1.8%~2.4%		
대출 한도	수도권 1.2억 원, 수도권 외 0.8억 원 이내		
대출 기간	2년(4회 연장, 최장 10년 이용 가능)		
부담 비용	인지세: 고객·은행 각 50% 부담 | 보증서 담보 취급 시 보증료		
담보 취득	한국주택금융공사 전세대출보증·주택도시보증공사 전세금안심대출보증·채권양도협약기관 반환채권양도 중 하나	상환 방법	일시상환 또는 혼합상환

6. 신혼부부 전용 전세자금

전세자금이 부족한 신혼부부 전용 전세자금 대출

대출 대상	부부 합산 연소득 6천만원 이하, 순자산가액 2.92억 원 이하 무주택세대주 신혼부부(혼인 기간 7년 이내 또는 3개월 이내 결혼 예정자)		
대출 금리	연 1.2%~연 2.1%		
대출 한도	수도권 2억 원, 수도권 외 1.6억 원 이내(임차보증금의 80% 이내)		
대출 기간	2년(4회 연장, 최장 10년 이용 가능)		
부담 비용	인지세: 고객·은행 각 50% 부담 | 보증서 담보 취급 시 보증료		
담보 취득	한국주택금융공사 전세대출보증·주택도시보증공사 전세금안심대출보증·채권양도협약기관 반환채권양도 중 하나	상환방법	일시상환 또는 혼합상환

7. 노후 고시원 거주자 주거 이전 대출

노후 고시원 거주자의 주거 이전을 위한 전세자금 대출

대출 대상	스프링클러를 미설치한 노후 고시원에 3개월 이상 거주 중인 연소득 4천만 원 이하, 순자산가액 2.92억 원 이하 무주택세대주		
대출 금리	연 1.8%		
대출 한도	보증금 최대 5천만 원		
대출 기간	2년(4회 연장, 최장 10년 이용 가능)		
부담 비용	인지세: 고객·은행 각 50% 부담 | 보증서 담보 취급 시 보증료		
담보 취득	주택도시보증공사 전세금안심대출보증	상환 방법	일시상환 또는 혼합상환

전월세 계약서 똑똑하게 작성하기

– 계약서 작성 3단계

꼼꼼한 준비와 충분한 답사 후에 마음에 드는 매물을 찾았다면 이제 계약할 차례다. 부동산 거래가 처음이라면 '혹시나 잘못되면 어쩌나' 하는 걱정이 들기도 하지만 부동산 공인중개사무소를 통해 진행한다면 크게 걱정할 필요는 없다. 그럼에도 전월세 임대차계약에 대한 개념과 관련해서 사전에 공부를 해둘 필요가 있다. 무엇을 확인해야 하는지, 세입자로서 내세울 권리는 무엇인지, 만약의 경우를 위해 특약으로 작성할 내용이 무엇인지 등에 대해 알아두자.

1. 계약 전 – 권리관계 확인

임대차계약 전에 등기부등본을 발급받아 보는 것은 필수다. 근저당권, 가등기, 압류, 가압류, 가처분, 경매등기 등의 대상 물건에 대한 권리 관계를 확인해 이 같은 내용이 있으면 계약하지 않는 것이 좋다. 일반적으로 근저당채권액과 전세금을 포함한 임차보증금의 합계액이 아파트의 경우는 70%, 다가구주택이나 연립의 경우 60%이하인 경우가 안전하다. 계약 시 참고 사항이며, 최종적인 책임은 계약자 본인에게 있다.

2. 계약 시 - 계약 상대자 및 계약서 내용 확인

계약 시 상대방이 등기부상의 명의인인지 신분증을 대조 확인해야 한다. 대리인을 통한 계약인 경우에는 주민등록증을 확인하고, 위임장과 인감증명서를 받아두어야 하며, 명의자의 배우자나 가족인 경우에도 위임장과 인감증명서를 받아두는 것이 안전하다.

계약 시 확인사항

①임차주택의 사용 부분을 계약서상에 정확히 표시

②계약금 및 잔금의 금액 및 지급 일정과 임대차 기간 명시

③임대료(=차임) 지급 방법

④전 임차인의 퇴거일과 입주일 확인

⑤전 임차인의 관리비 등 제세공과금 처리

⑥시설 상태 및 수리 여부 확인

⑦구조 변경 및 원상 회복 문제

⑧위약 및 계약 해제 사항

⑨특약 사항란은 구체적으로 기입

⑩중개수수료 지불 문제

⑪최종 잔금 시 관리비, 수도, 전기, 가스비 등 월 지불 내역 확인

월세계약서 작성 요령

①임대차보증금 및 월세금의 지급 날짜를 한글과 숫자로 나란히 기재하는 것이 안전하다.

예) 금 칠십만 원(700,000원)을 매달 이십오(25)일에 지급한다.

②월세에 대한 부가가치세를 임차인이 부담하기로 하는 경우 '월세란'에는 부가가치세를 포함한 금액을 기재한다. 월세가 선불인지, 후불

인지 여부도 분쟁의 소지를 방지하는 차원에서 확실히 정해야 한다.

③임차인이 부담할 관리비가 매월 일정한 금액으로 정해진 경우에는 해당란에 금액을 기재하고, 그 밖의 경우에는 임차인이 부담할 구체적인 항목을 기재한다. 통상적인 관리비 외에 임차인이 부담할 관리비가 있는 경우 이를 구체적으로 기재해야 한다.

④특약 사항이 있는 경우 가능하면 구체적으로 자세히 기재해야 나중에 분쟁의 소지가 없다.

예) 월세 계약 기간 내 아파트 재개발로 인한 철거일자 확정 시 합의 사항 등

⑤계약서 내용 중 일부 문구를 정정하거나 삭제하는 경우에는 두 줄을 그어 표시하고 기재 사항을 정정한 후 정정 날인을 한다.

⑥계약 조항이 모두 기재되면 이상이 없음을 확인한 후 기명날인하며, 계약서 각 장의 연결 부분에 당사자 모두 간인을 찍는다.

⑦계약 당사자가 회사인 경우 회사의 이름과 대표자의 이름을 기재하고, 반드시 회사의 법인 인감도장을 날인해야 한다.

⑧계약서는 계약 당사자의 수만큼 작성하여 각각 원본을 보관해야 차후의 분쟁을 예방할 수 있다.

전세계약서 작성 요령

①임대차보증금 액수는 한글로 쓰며, 숫자와 병행해서 표기한다.

예) 금 삼억 원(300,000,000원)을 지급한다.

②특약 사항에는 근저당, 가등기, 가압류 등 문제 발생에 대한 처리의 방법과 해약 조건, 위약금의 사항을 명확하고 분명하게 명시해야 한다.

③계약서 내용 중 일부 문구를 정정하거나 삭제하는 경우에는 두 줄

을 그어 표기하고 기재 사항을 정정한 후 정정 날인을 한다.

④계약 조항이 모두 기재되면 이상이 없음을 확인한 후 기명날인하며, 계약서 각 장의 연결 부분에 당사자 모두 간인을 찍는다.

⑤계약금을 지불한 뒤 영수증을 받고 매도인, 매수인, 중개업자는 계약서를 각 1부씩 나누어 각자 보관한다.

3. 계약 후 - 전입신고와 확정일자 받기

임대차계약 후에는 대항요건을 갖추기 위해 전입신고를 하고, 확정일자를 받아야 한다. 주택임차인이 입주하고 주민등록전입신고를 마치면(이를 대항요건이라고 한다) 그 다음 날부터 임차주택이 다른 사람에게 양도되거나 매각되더라도 새로운 집주인(양수인·매수인)에게 임차권을 주장하여 임대 기간이 끝날 때까지 거주할 수 있다. 또 임대 기간이 만료되더라도 임대보증금 전액을 반환받을 때까지는 집을 비워주지 않을 수 있다.

확정일자는 '전입신고+거주' 요건을 충족하여야 대항력 및 우선변제권 등이 생기므로 주의해야 한다. 확정일자란 법원 등기소, 동사무소 등에서 주택임대차계약이 체결되었음을 확인해주기 위해 임대차계약서의 여백에 도장을 날인해주는 날짜를 의미한다.

이 계약서는 법무부에서 국토교통부·서울시 및 학계 전문가와 함께 민법, 주택임대차보호법, 공인중개사법 등 관계법령에 근거하여 만들었습니다. 법의 보호를 받기 위해 **【중요확인사항】(별지)을 꼭 확인하시기 바랍니다.**

주택임대차계약서

□보증금 있는 월세
□전세 □월세

임대인( )과 임차인( )은 아래와 같이 임대차 계약을 체결한다

[임차주택의 표시]

소 재 지	(도로명주소)			
토 지	지목		면적	㎡
건 물	구조·용도		면적	㎡
임차할부분	상세주소가 있는 경우 동·층·호 정확히 기재		면적	㎡

미납 국세	선순위 확정일자 현황	확정일자 부여란
□ 없음 (임대인 서명 또는 날인 ______ ㊞) □ 있음(중개대상물 확인·설명서 제2쪽 II. 개업공인중개사 세부 확인사항 '⑨ 실제 권리관계 또는 공시되지 않은 물건의 권리사항'에 기재)	□ 해당 없음 (임대인 서명 또는 날인 ______ ㊞) □ 해당 있음(중개대상물 확인·설명서 제2쪽 II. 개업공인중개사 세부 확인사항 '⑨ 실제 권리관계 또는 공시되지 않은 물건의 권리사항'에 기재)	
유의사항: 미납국세 및 선순위 확정일자 현황과 관련하여 개업공인중개사는 임대인에게 자료제출을 요구할 수 있으나, 세무서와 확정일자부여기관에 이를 직접 확인할 법적권한은 없습니다. ※ 미납국세·선순위확정일자 현황 확인방법은 "별지"참조		

[계약내용]

제1조(보증금과 차임) 위 부동산의 임대차에 관하여 임대인과 임차인은 합의에 의하여 보증금 및 차임을 아래와 같이 지불하기로 한다.

보 증 금	금 원정(₩)
계 약 금	금 원정(₩)은 계약시에 지불하고 영수함. 영수자 (인)
중 도 금	금 원정(₩)은 ____년 ____월 ____일에 지불하며
잔 금	금 원정(₩)은 ____년 ____월 ____일에 지불한다
차임(월세)	금 원정은 매월 일에 지불한다(입금계좌:)

제2조(임대차기간) 임대인은 임차주택을 임대차 목적대로 사용·수익할 수 있는 상태로 ____년 ____월 ____일까지 임차인에게 인도하고, 임대차기간은 인도일로부터 ____년 ____월 ____일까지로 한다.

제3조(입주 전 수리) 임대인과 임차인은 임차주택의 수리가 필요한 시설물 및 비용부담에 관하여 다음과 같이 합의한다.

수리 필요 시설	□ 없음 □ 있음(수리할 내용:)
수리 완료 시기	□ 잔금지급 기일인 ____년 ____월 ____일까지 □ 기타 ( )
약정한 수리 완료 시기까지 미 수리한 경우	□ 수리비를 임차인이 임대인에게 지급하여야 할 보증금 또는 차임에서 공제 □ 기타( )

제4조(임차주택의 사용·관리·수선) ① 임차인은 임대인의 동의 없이 임차주택의 구조변경 및 전대나 임차권 양도를 할 수 없으며, 임대차 목적인 주거 이외의 용도로 사용할 수 없다.

② 임대인은 계약 존속 중 임차주택을 사용·수익에 필요한 상태로 유지하여야 하고, 임차인은 임대인이 임차주택의 보존에 필요한 행위를 하는 때 이를 거절하지 못한다.

③ 임대인과 임차인은 계약 존속 중에 발생하는 임차주택의 수리 및 비용부담에 관하여 다음과 같이 합의한다. 다만, 합의되지 아니한 기타 수선비용에 관한 부담은 민법, 판례 기타 관습에 따른다.

임대인부담	(예컨대, 난방, 상하수도, 전기시설 등 임차주택의 주요설비에 대한 노후 불량으로 인한 수선은 민법 제623조, 판례상 임대인이 부담하는 것으로 해석됨)
임차인부담	(예컨대, 임차인의 고의과실에 기한 파손, 전구 등 통상의 간단한 수선, 소모품 교체 비용은 민법 제623조, 판례상 임차인이 부담하는 것으로 해석됨)

④ 임차인이 임대인의 부담에 속하는 수선비용을 지출한 때에는 임대인에게 그 상환을 청구할 수 있다.

- 1 / 3 -

제5조(계약의 해제) 임차인이 임대인에게 중도금(중도금이 없을 때는 잔금)을 지급하기 전까지, 임대인은 계약금의 배액을 상환하고, 임차인은 계약금을 포기하고 이 계약을 해제할 수 있다.

제6조(채무불이행과 손해배상) 당사자 일방이 채무를 이행하지 아니하는 때에는 상대방은 상당한 기간을 정하여 그 이행을 최고하고 계약을 해제할 수 있으며, 그로 인한 손해배상을 청구할 수 있다. 다만, 채무자가 미리 이행하지 아니할 의사를 표시한 경우의 계약해제는 최고를 요하지 아니한다.

제7조(계약의 해지) ① 임차인은 본인의 과실 없이 임차주택의 일부가 멸실 기타 사유로 인하여 임대차의 목적대로 사용할 수 없는 경우에는 계약을 해지할 수 있다.

② 임대인은 임차인이 2기의 차임액에 달하도록 연체하거나, 제4조 제1항을 위반한 경우 계약을 해지할 수 있다.

제8조(계약의 종료) 임대차계약이 종료된 경우에 임차인은 임차주택을 원래의 상태로 복구하여 임대인에게 반환하고, 이와 동시에 임대인은 보증금을 임차인에게 반환하여야 한다. 다만, 시설물의 노후화나 통상 생길 수 있는 파손 등은 임차인의 원상복구의무에 포함되지 아니한다.

제9조(비용의 정산) ① 임차인은 계약종료 시 공과금과 관리비를 정산하여야 한다.

② 임차인은 이미 납부한 관리비 중 장기수선충당금을 소유자에게 반환 청구할 수 있다. 다만, 관리사무소 등 관리주체가 장기수선충당금을 정산하는 경우에는 그 관리주체에게 청구할 수 있다.

제10조(중개보수 등) 중개보수는 거래 가액의 ____________% 인 ________________원(□ 부가가치세 포함 □ 불포함)으로 임대인과 임차인이 각각 부담한다. 다만, 개업공인중개사의 고의 또는 과실로 인하여 중개의뢰인간의 거래행위가 무효·취소 또는 해제된 경우에는 그러하지 아니하다.

제11조(중개대상물확인·설명서 교부) 개업공인중개사는 중개대상물 확인·설명서를 작성하고 업무보증관계증서(공제증서등) 사본을 첨부하여 _________년_________월_________일 임대인과 임차인에게 각각 교부한다.

[특약사항]

상세주소가 없는 경우 임차인의 상세주소부여 신청에 대한 소유자 동의여부(□ 동의 □ 미동의)

※ 기타 임차인의 대항력·우선변제권 확보를 위한 사항, 관리비·전기료 납부방법 등 특별히 임대인과 임차인이 약정할 사항이 있으면 기재

－【대항력과 우선변제권 확보 관련 예시】 "주택을 인도받은 임차인은 ____년 ___월 ___일까지 주민등록(전입신고)과 주택임대차계약서상 확정일자를 받기로 하고, 임대인은 ____년 ___월 ____일(최소한 임차인의 위 약정일자 이틀 후부터 가능)에 저당권 등 담보권을 설정할 수 있다"는 등 당사자 사이 합의에 의한 특약 가능

본 계약을 증명하기 위하여 계약 당사자가 이의 없음을 확인하고 각각 서명·날인 후 임대인, 임차인, 개업공인중개사는 매 장마다 간인하여, 각각 1통씩 보관한다. 년 월 일

<table>
<tr><td rowspan="3">임대인</td><td>주 소</td><td colspan="6"></td><td rowspan="3">서명 또는 날인㊞</td></tr>
<tr><td>주민등록번호</td><td colspan="2"></td><td>전 화</td><td></td><td>성 명</td><td></td></tr>
<tr><td>대 리 인</td><td>주 소</td><td></td><td>주민등록번호</td><td></td><td>성 명</td><td></td></tr>
<tr><td rowspan="3">임차인</td><td>주 소</td><td colspan="6"></td><td rowspan="3">서명 또는 날인㊞</td></tr>
<tr><td>주민등록번호</td><td colspan="2"></td><td>전 화</td><td></td><td>성 명</td><td></td></tr>
<tr><td>대 리 인</td><td>주 소</td><td></td><td>주민등록번호</td><td></td><td>성 명</td><td></td></tr>
<tr><td rowspan="5">중개업자</td><td>사무소소재지</td><td colspan="2"></td><td>사무소소재지</td><td colspan="4"></td></tr>
<tr><td>사 무 소 명 칭</td><td colspan="2"></td><td>사 무 소 명 칭</td><td colspan="4"></td></tr>
<tr><td>대 표</td><td colspan="2">서명 및 날인 ㊞</td><td>대 표</td><td colspan="4">서명 및 날인 ㊞</td></tr>
<tr><td>등 록 번 호</td><td>전화</td><td></td><td>등 록 번 호</td><td colspan="2"></td><td>전화</td><td></td></tr>
<tr><td>소속공인중개사</td><td colspan="2">서명 및 날인 ㊞</td><td>소속공인중개사</td><td colspan="4">서명 및 날인 ㊞</td></tr>
</table>

법무부 국토교통부 서울특별시

- 2 / 3 -

▲주택임대차 계약서 양식

소중한 보증금을 확실하게 지키는 방법

– 확정일자, 전세권설정등기, 전세보증보험

전월세 임차인에게 가장 중요한 것은 바로 보증금이다. 전입신고를 통해 계약 기간 중에 임대인이 바뀌더라도 기존 계약 기간까지 그 집에 계속 살 수 있다면, 확정일자의 경우는 집이 경매에 넘어가더라도 보증금을 보호받을 수 있는 방법이다. 전입신고가 어려워 확정일자를 받을 수 없다면 전세권설정등기를 통해 보증금을 보호받을 수 있다.

확정일자

법원이나 해당 동사무소 등에서 주택임대차계약을 체결한 날짜를 확인해주기 위해 임대차계약서 여백에 그 날짜가 찍힌 도장을 찍어주는데, 이 날짜가 바로 확정일자다. 확정일자를 받기 위해서는 임대차계약서에 공증기관에서 확정일자인을 찍어주거나 임대차계약서에 법원 또는 등기소의 공무원 또는 읍, 면, 동 주민센터에서 확정일자인을 찍어주는 방법이 있다. 집 주인의 동의가 필요 없으며, 발급 수수료 600원이 발생한다.

일반적으로 가장 많이 이용하는 방법은 읍, 면, 동 주민센터에서 확정일자인을 받는 것으로 주민등록 전입신고를 하면 동시에 확정일자를 받을 수 있어 가장 손쉽다. 확정일자를 받지 않으면 법적 대항력이 없어 선순위 근저당설정 등이 있는 경우 경매 등의 상황 발생 시 임대보증금을 보호받지 못한다. 확정일자와 입주 및 전입신고를 마친 임차인은 임대주택에 관한 경매절차의 환가대금에서 자기 확정일자보다 늦은 후순위권리자, 기타 채권자보다 우선하여 보증금을 변제받을 권리가 생긴다.

전세권설정등기

전세권설정등기계약서란 전세권자가 전세권을 보장받기 위해 작성하는 계약 문서다. 전세권이란 전세권자가 전세금을 소유자에게 지급하고 부동산을 사용, 수익할 수 있는 권리로 소유자와 전세권자가 전세권을 설정하기로 계약을 체결하는 것을 '전세권설정'이라고 한다. 전세권설정은 반드시 등기를 해야만 효력이 발생한다. 전세권설정등기의 경우 확정일자와 달리 집주인의 동의가 필요하며 보증금 액수에 따라 비용이 발생한다. 전세보증금이 1억 원인 경우 전세권설정등기에 약 26만 원의 비용이 발생한다.

전세권설정등기계약서를 작성할 때에는 전세금, 전세권 존속 기간, 전세권 반환 시기, 전세권의 범위, 전세권자의 책임과 의무, 특약 사항 등으로 구분하여 각 항목에 정확한 내용을 기재하도록 한다. 또한 전세권설정등기계약서와 함께 해당 부동산에 대한 전세계약서를 첨부하도록 하며, 전세권설정등기계약서를 작성함으로써 해당 전세계약에 대해 임차인의 권리를 보장받을 수 있다

확정일자 vs 전세권설정등기

구분	확정일자	전세권설정등기
대상	일반 임대차계약	전전세, 근저당설정이 있는 집, 전입신고를 꺼리는 오피스텔
근거법	주택임대차보호법(특별법)	민법(일반법)
동의	집주인 동의 필요 없음	집주인 동의 필요
절차	전입신고 후에 주민센터, 등기소, 공증인 사무소에서 임대차계약서에 날인	관할 등기소(관련 서류 구비) 임대인: 인감증명서 또는 본인서명사실확인서, 인감도장, 등기필증, 위임장(대리인의 경우) 임차인: 신청서, 주민등록등본 또는 초본, 도장, 전세권설정계약서, 등록면허세 영수필확인서, 등기신청수수료 영수필확인서, 도면 등
비용	수수료 600원	등록면허세: 보증금의 0.2% 지방교육세: 등록면허세의 20% 등기신청수수료: 15,000원 법무사 비용(대리 신청) 말소등기 비용(차후 말소 시 발생)
효력	익일부터 효력 발생	당일부터 효력 발생
	건물과 토지 가격을 합한 금액에서 보증금 보상	건물 가격 안에서 보증금 보상
	묵시적 갱신의 경우 2년 더 보장	묵시적 갱신을 했더라도 집주인 요구 시 6개월 이내 퇴거
	보증금반환소송 후 강제 집행	보증금반환소송 없이 강제 집행
경매 시 보증금 보상	1억 5천만 원(건물 값 5천만 원+토지 값 1억 원) 기준에서 임차보증금 6천만 원 전액 보상	건물 값 5천만 원 기준에서 임차보증금 6천만 원 중 1천만 원 받지 못함
유지 수선	임대인	전세권자

전세보증보험

전세보증금 반환보증보험은 전세계약 종료 시 임대인이 임차인에게 반환하는 전세보증금의 반환을 책임지는 보증 상품이다. 보증금을 주지 않는 임대인 대신 국가나 민간이 지급해주는 방식으로 전세보증금 반환보증보험은 전셋집이 경매로 넘어갈 때에도 보증금을 확실하게 보호할 수 있다.

HUG(주택도시보증공사), SGI(서울보증보험), HF(한국주택금융공사) 세 곳에서

HUG vs SGI vs HF

구분	HUG (주택도시보증공사)	SGI (서울보증보험)	HF (한국주택금융공사)
가입 대상	아파트, 다세대(연립), 단독, 다가구, 주거용 오피스텔		
	노인복지주택	도시형 생활주택	도시형 생활주택, 노인복지주택
보증 금액	수도권은 전세보증금 7억 원 이하, 기타 지역은 5억 원 이하 보증금 한도 내	아파트는 제한이 없으며, 일반주택은 10억 원 이내 보증금 일부는 불가능하며 전액	수도권은 전세보증금 5억 원 이하, 기타지역은 3억 원 이하
보증료율	9천만 원 이하: 0.115~0.139% 9천만 원~2억 원: 0.122~0.146% 2억 원 초과: 0.122~0.146%	아파트 전세보증금의 연 0.192%, 기타 주택은 연 0.218%	일반 0.07% 우대 0.05%
가입 가능 시기	잔금지급일과 전입신고일 중 늦은 날~전세계약 기간의 2분의 1이 경과하기 전	임대차계약 기간이 1년인 경우: 5개월이 경과되지 않은 시점 계약 기간이 1년을 넘는 경우: 10개월이 경과되지 않은 시점	전세계약 기간의 4분의 1일 경과하기 전

상품을 운영한다. SGI는 '전세금 보장신용보험', HUG와 HF는 '전세보증금 반환보증' 상품에 가입하면 보증받을 수 있다. 가입 대상은 아파트, 다세대(연립), 단독, 다가구, 주거용 오피스텔이 공통으로 가입할 수 있으며 SGI는 도시형 생활주택, HUG는 노인복지주택, HF는 도시형 생활주택과 노인복지주택 모두 가입이 가능하다.

부동산 꿀팁

오피스텔이라면 전세권설정등기

일반 주택의 확정일자의 경우 임대인의 동의가 필요 없어 이사 후 주민센터에서 전입신고를 한 뒤 확정일자를 받는 것이 가장 쉽고 간단하다. 하지만 오피스텔 임대인은 비과세 혜택과 세금 등의 이유로 세입자가 전입신고와 확정일자 받는 것을 꺼린다. 이렇게 확정일자 받는 것이 어렵다면 보증금 보호를 위해 전세권설정등기를 해야 한다. 법인이 임차인일 경우 임대차계약서·법인등기부등본·법인도장, 법인이 임대인일 경우 등기권리증, 법인 인감증명서, 법인 등기부등본, 대표 신분증, 법인 인감도장을 준비해야 전세권설정이 가능하다.

알쓸다잡 부동산 잡학사전

◇◇◇

도배 · 장판 비용 누가 부담하나요?

전·월세 세입자라면 부담해야 하는 비용 중에서 도배 · 장판 비용에 대한 궁금증이 많다. 관행에 따르면 전세인 경우는 세입자(임차인), 월세의 경우 집주인(임대인)이 부담한다는 규정이 있지만 집수리, 도배, 장판 교체 비용은 누가 부담하는 것이 맞을까? 향후 분쟁 발생 시 피해를 최소화하기 위해서는 임대차 계약서 작성 시 도배·장판, 소모품 수리 비용을 누가 부담해야 하는지 상세하게 명시하는 것이 좋다.

집수리 부담 범위

집을 사용할 수 있는 상태로 유지할 책임은 집주인(임대인)에게 있다. '민법 제623조' 임대인의 의무에 따르면 '임대인은 목적물을 임차인에게 인도하고 계약 존속 중 그 사용, 수익에 필요한 상태를 유지하게 할 의무를 부담한다'고 명시되어 있다.

보일러나 싱크대 고장 등 주거에 심각한 지장을 주는 부분이나 세입자가 사용하지 않은 물건의 경우도 집주인이 수리비를 부담한다. 반대로 세입자가 사용 중에 부주의나 고의로 훼손한 부분이나 형광등, 샤워기 수도꼭지 등 큰 비용이 들지 않는 소모품의 경우는 세입자가 부담한다.

도배·장판 부담 범위

도배·장판 교체 비용의 경우 임차인이 '전세권자'인지 그냥 '전세'인지에 따라 다르다. '민법 제309조' 임차인의 의무에 따르면 '전세권자는 목적물의 현상을 유지하고 그 통상의 관리에 속한 수선을 하여야 한다'고 명시되어 있다. 임차인이 전세권자의 경우 전세권자는 집주인에게 버금가는 권리가 주어지므로 전세권자인 임차인이 직접 부담한다.

반면 임차인이 전세권을 설정하지 않고 그냥 전세로 사는 경우 전세권자로 보지 않기 때문에 보통 임대차계약과 같이 임대인이 부담한다. 단 전세권자든 일반 임차인이든 '자연적인 노후에 대한 파손'은 집주인이 부담한다.

세입자라면 알아야 할 임대차 3법

– 계약갱신청구권, 전월세상한제, 임대차신고제

주택시장의 불안정으로 전세에서 월세로의 전환이 빨라지고 있다. 이에 따라 주택임대료 상승으로 임차가구의 주거 불안과 주거비 부담이 가중되어 2020년 7월 31일부터 계약갱신청구권제, 전월세상한제, 전월세신고제 도입을 골자로 하는 주택임대차보호법 및 부동산거래신고법 개정안이 시행되었다. 임차권과 임대권의 권리를 알아두자.

계약갱신청구권

계약갱신청구권은 임차인이 희망하는 경우 1회 계약갱신을 청구할 수 있는 권리로, 안심 거주 기간이 2년 더 늘어난다. 계약갱신청구권에 따라 임대인은 임차인이 임대차 기간이 끝나기 6개월 전부터 1개월 전까지 계약 갱신을 요구하는 경우 정당한 사유 없이 거절할 수 없다. 또 임대인이 실거주를 이유로 갱신을 거절했으면서도, 임차인이 요구한 갱신 기간 동안 정당한 사유 없이 제3자에게 목적 주택을 임대한 경우 임대인은 갱신 거절로 인하여 임차인이 입은 손해를 배상할 수 있다.

계약갱신청구권 거절 인정 사유

①임차인이 2기의 차임액에 해당하는 금액에 이르도록 차임을 연체

한 사 실이 있는 경우

②임차인이 거짓이나 그 밖의 부정한 방법으로 임차한 경우

③서로 합의하여 임대인이 임차인에게 상당한 보상을 제공한 경우

④임차인이 임대인의 동의 없이 목적 주택의 전부 또는 일부를 전대(轉貸)한 경우

⑤임차인이 임차한 주택의 전부 또는 일부를 고의나 중대한 과실로 파손한 경우

⑥임차한 주택의 전부 또는 일부가 멸실되어 임대차의 목적을 달성하지 못 할 경우

⑦임대인이 다음 각 목의 어느 하나에 해당하는 사유로 목적 주택의 전부 또는 대부분을 철거하거나 재건축하기 위하여 목적 주택의 점유를 회복할 필요가 있는 경우

가. 임대차계약 체결 당시 공사 시기 및 소요 기간 등을 포함한 철거 또는 재건축 계획을 임차인에게 구체적으로 고지하고 그 계획에 따르는 경우

나. 건물이 노후·훼손 또는 일부 멸실되는 등 안전사고의 우려가 있는 경우

다. 다른 법령에 따라 철거 또는 재건축이 이루어지는 경우

⑧임대인(임대인의 직계존속·직계비속을 포함한다)이 목적 주택에 실제 거주하려는 경우

⑨그 밖에 임차인이 임차인으로서의 의무를 현저히 위반하거나 임대차를 계속하기 어려운 중대한 사유가 있는 경우

전월세상한제

전월세상한제는 계약갱신 시 임대료 상한을 5% 범위 내로 제한하여 임대료 급등으로 인한 임차인들의 부담을 줄이는 제도다. 현재 임대인과 임차인이 계약한 종전 임대료를 기준으로 임대료의 상한을 정하도록 되어 있으며, 지자체가 지역 임대차 시장 여건 등을 고려하여 조례로 정할 수 있다.

임대차신고제

임대차신고제는 전월세 계약 시 임대차 계약 정보를 신고하도록 하여 임차인에게 시의성 있는 시세 정보를 제공하는 제도다. 임대차신고제에 따라 전월세계약 시 30일 이내에 주택 소재지 관청에 임대차계약 정보를 신고해야 한다. 임대차신고제로 임대차 실거래 정보를 취합하여 임차인에게 제공한다. 2021년 6월부터 시행된다.

부동산 꿀팁

전세에서 월세 전환 시 '전월세 전환율'을 알아두자

전월세 전환율은 전세를 월세로 전환할 때 월에 집세를 얼마나 내야 하는지에 대한 기준이다. 계산법은 월세를 전세금과 월세 보증금의 차액으로 나눈 후 100을 곱해 산출된 월세이율을 연이율로 환산하면(12개월을 곱하면) 된다. 임대차 3법으로 인해 전세 매물 수가 급격히 줄어들면서 전세를 반전세나 월세로 돌리는 경우가 많아 정부는 세입자의 월세 부담을 줄이고자 전월세 전환율을 기존 4.0%에서 2.5%로 하향 조정했다. 2020년 10월부터 기존 전세계약을 월세나 반전세로 바꾸는 경우에만 적용된다.

주택임대차 분쟁조정제도

임대차계약 관계에서 발생하는 각종 분쟁에 대하여 소송 대비 적은 비용으로 신속하고 합리적으로 심의·조종하여 국민 주거생활 안정에 기여하는 제도다. 분쟁조정위원회 조정위원이 변호사, 교수 등 관련 전문가가 당사자의 주장 및 자료를 토대로 논의 및 조정하는 것으로 조정성립 시 일정 부분 강제력도 발생한다.

분쟁조정위원회 조정위원 자격 요건

①법학·경제학 등 전공 교수 ②판사·검사·변호사(경력 6년 이상) ③감정평가사·공인회계사·공인중개사 ④법무사·세무사·주택관리사·건축사 ⑤주택임대차 분쟁관련 상담 경력자(경력 6년 이상)

주택임대차 분쟁조정위원회 조정대상

①차임 또는 보증금 증감에 대한 분쟁 ②임대차 기간에 관한 분쟁 ③보증금 또는 임차주택의 반환에 관한 분쟁 ④임차주택의 유지 혹은 수선 의무에 관한 분쟁 ⑤임대차계약의 이행 및 임대차 계약 내용의 해석에 관한 분쟁 ⑥임대차 계약의 갱신 및 종료에 관한 분쟁 ⑦임대차계약의 불이행 등에 따른 손해배상 청구에 관한 분쟁 ⑧공인중개사 보수 등 비용 부담에 관한 분쟁 ⑨주택임대차 표준계약서 사용에 대한 분쟁

조정 절차

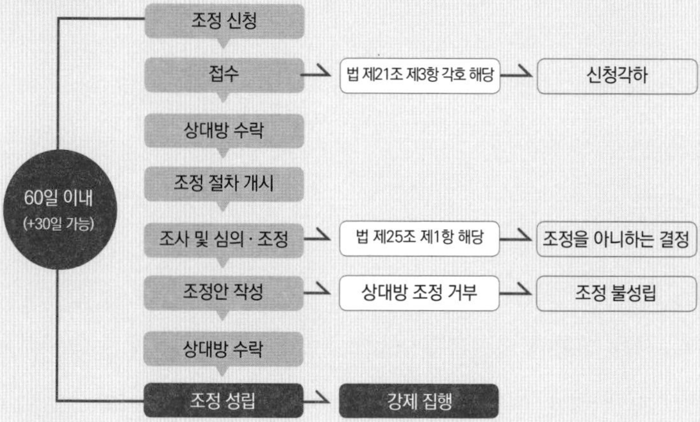

수수료

구분	1억 원 미만	1억 원 이상 ~3억 원 미만	3억 원 이상 ~5억 원 미만	5억 원 이상 ~10억 원 미만	10억 원 이상
수수료	1만 원	2만 원	3만 원	5만 원	10만 원
수수료 환불	조정신청의 각하 또는 취하 시				

주택임대차 분쟁조정위원회 운영

운영 기관	설치 지역	관할 권역	연락처
대한법률 구조공단	서울	서울 · 강원	02-6941-3430
	수원	경기 · 인천	031-8007-3430
	대전	대전 · 세종 · 충남북	042-721-3430
	대구	대구 · 경북	053-710-3430
	부산	부산 · 울산 · 경남	051-711-3430
	광주	광주 · 전남북 · 제주	062-710-3430
서울시	서울시 전월세보증금 지원센터		02-2133-1200~8
경기도	경기도 임대차 즉시 전화 상담		031-8008-2246

사회 초년생이라면 행복주택

- 청년, 신혼부부가 알아야 할 주거복지 제도 1

행복주택은 대학생, 신혼부부, 사회 초년생 등 젊은 층의 주거 안정을 위해 직장과 학교가 가까운 곳이나 대중교통 이용이 편리한 곳에 건설하여 주변 시세보다 20~40% 이상 저렴한 임대료로 공급하는 공공임대주택이다. 일반형 행복주택과 산업단지형 행복주택으로 구분된다.

행복주택 입주 자격

행복주택에는 그동안 주거복지 혜택에서 소외되었던 젊은 층이 80% 입주하게 되고 나머지 20%는 노인·취약계층에게 공급을 하며 2022년까지 총 13.6만 호(사업승인 기준)를 전국적으로 차질 없이 공급할 예정이다. 행복주택은 규모, 지역 여건 등을 고려해서 지자체와 협의하여 국·공립 어린이집, 작은도서관 등 지역에서 필요한 다양한 주민 편의시설도 함께 설치할 예정이다.

산업단지형 행복주택은 산업단지 또는 경제자유구역(산업단지 근로자인 경우에만 해당)에 건설되거나 이와 인접한 지역에 건설되는 행복주택(사업계획 승인권자가 산업단지형으로 인정하는 경우로 한정)이다.

행복주택 일반형 입주 자격표

계층	입주 자격	소득 기준
대학생	대학에 재학 중 또는 입·복학 예정인 혼인 중이 아닌 무주택자	본인 및 부모 월평균 소득 합계가 전년도 도시근로자로 가구원수별 가구당 월평균 소득의 100% 이하
취업 준비생	대학(또는 고등학교)를 졸업 또는 중퇴한 지 2년 이내인 혼인 중이 아닌 무주택자	
청년 계층	만 19세 이상 만 39세 이하 혼인 중이 아닌 무주택자 소득이 있는 업무에 종사한 기간이 총 5년 이내이며, 아래의 하나에 해당하는 혼인 중이 아닌 무주택자 -소득이 있는 업무에 종사하는 자 -퇴직한 후 1년이 지나지 않은 사람으로서 구직급여 수급자격을 인정받은 자 -예술인	해당 세대 월평균 소득 합계가 전년도 도시근로자로 가구원수별 가구당 월평균 소득의 100% 이하 (본인은 80% 이하)
신혼부부	신청인 혼인 기간 7년 이내 무주택세대 구성원	해당 세대 월평균 소득 합계가 전년도 도시근로자로 가구원수별 가구당 월평균 소득의 100% 이하 (맞벌이 120% 이하)
예비 신혼부부	혼인을 계획 중이며, 입주 전까지 혼인 사실을 증명할 수 있는 자(혼인으로 구성될 세대원 모두 무주택자)	
한부모가족	만 6세 이하(태아 포함)의 자녀를 둔 무주택세대 구성원	
산업단지 근로자	아래 구분에 따른 해당(인접)지역 기업 등에 재직 중이거나, 해당 기업에 소속되지 않고 근무 중인 경우 1년 이상 근무(예정) 중인 사람 -입주 또는 입주 예정인 기업 및 교육·연구기관 -경제자유구역 입주 또는 입주 예정인 중소기업	해당 세대 월평균 소득 합계가 전년도 도시근로자로 가구원수별 가구당 월평균 소득의 100% 이하

행복주택 최대 거주 기간

젊은 계층의 행복주택 거주 기간은 6년이다. 임대차계약은 2년 단위로 갱신되며, 최초 계약을 포함해 3회까지 계약할 수 있다. 단, 거주 중 대학생이 사회 초년생, 신혼부부가 되거나, 사회 초년생이 신혼부부가 될 경우 최대 10년까지(계약 5회) 거주할 수 있다. 자녀가 없는 경우 6년, 자녀가 1명 이상인 경우 10년이다. 산업단지 근로자는 6년이지만 예비 입주자가 없거나 재공급을 통한 신규 입주 희망자가 없는 경우 2년씩 연장 가능하다. 한부모가족은 최대 10년, 고령자, 주거급여수급자는 최대 20년까지 거주할 수 있다.

행복주택 최대 거주 기간

입주 자격	최대 거주 기간
대학생·청년·산업단지근로자	6년
신혼부부·창업지원주택	무자녀(6년), 자녀 1명 이상(10년)
고령자·주거급여수급자·기존거주자	20년

행복주택 소득 기준 사항

행복주택의 경우 공통적으로 소득 기준이 중요하다. 대학생, 청년, 고령자, 외벌이 신혼부부 월평균 소득의 100% 이하, 맞벌이 신혼부부는 120% 이하여야 한다.

행복주택 자산 기준표

구분	총자산·부동산	자동차
대학생 계층(본인)은 총 자산 기준	총자산 7,800만 원 이하	소유하지 않을 것
사회 초년생 계층	총자산 23,700만 원 이하	2,468만 원 이하
신혼부부 계층 및 고령자	총자산 28,800만 원 이하	

자산 기준으로 대학생(본인)은 총 자산이 7,800만 원으로 자동차를 소유하지 않아야 한다. 청년 계층의 경우 해당 세대가 보유하고 있는 총 자산 23,700만 원, 자동차는 2,468만 원 이하여야 한다. 그외 신혼

부부·한부모가정·고령자·산업단지근로자의 경우 총 자산 28,800만 원, 자동차는 2,468만 원 이하여야 한다.

신청 절차

LH청약센터나 행복주택 홈페이지에서 행복주택 입주 신청을 할 수 있다. 먼저 홈페이지를 통해 입주를 신청하고, 입주 자격을 증빙하기 위한 서류를 지정된 기간 안에 우편으로 송달하거나 직접 제출하면 입주 신청이 완료된다. 주민등록등본, 초본, 청약통장 사본, 건강보험증 사본, 전년도 근로소득원천영수증을 구비해야 한다. 산단근로자 등 본인이 신청한 전형에 따라 근로사실내역서를 추가해야 하거나, 신혼부부의 경우 혼인 여부에 대한 증빙을 해야 하는 등 추가 서류를 더 구비해야 하는 경우도 있다.

관련 서류를 제출하면 한국토지주택공사에서 약 1개월 간 자격을 심사한 뒤, 문자로 등록 여부를 알려준다. 이때 신청자 및 동거자의 청약저축 내역, 축적 재산, 보유 부동산, 보유 차량, 연봉, 보험 가입 내역 및 펀드투자 내역까지 모두 조회한다.

당첨 결과 발표일이 되면 당첨자 리스트를 홈페이지에 게재하고 문자로 당첨 사실을 개별 발송한다. 이후에는 해당 행복주택 신청 내용에 따라 진행하면 된다. 대부분 당첨 사실 고지를 위한 유예기간을 두며, 해당 유예기간이 종료되면 곧바로 계약을 진행하고 지정된 기간까지 보증금을 납부하게 한다.

부동산 꿀팁

공공임대주택에 대해 알아두자

공공임대주택은 공공주택 사업자, 국가, 지방자치단체의 재정이나 주택도시기금을 지원받아 건설, 매입 또는 임차하여 공급하는 주택으로 임대와 임대한 후 분양전환을 할 목적으로 공급하는 주택이다. 공공임대주택은 공공주택사업자가 직접 건설하여 공급하는 공공건설 임대주택과 공공주택사업자가 직접 건설하지 않고 매매 등으로 취득하여 공급하는 공공매입 임대주택으로 나누어진다. 공공임대주택은 국민임대주택, 영구임대주택, 행복주택, 기존주택매입·전세임대주택, 장기전세주택, 분양전환공공임대주택으로 총 7가지 유형이 있다. 유형별 조건을 충족할 경우 민간임대주택보다 30~80%까지 저렴한 것이 장점이다.

신혼부부, 아이가 있다면 신혼희망타운

– 청년, 신혼부부가 알아야 할 주거복지 제도 2

신혼희망타운은 신혼부부와 육아에 특화된 공공주택으로 신혼부부, 예비 신혼부부, 한부모가정을 대상으로 하며 전용면적 60㎡ 이하로 공급한다. 기존 택지 활용 및 신규 택지 개발을 통해 교통이 편리하고 주거 여건이 좋은 도심 내외에 공급된다. 어린이집, 실내놀이터 등의 육아 시설을 확충하고, 통학길 특화, 집안의 수납공간을 강화하는 등 신혼부부 맞춤형 주거 환경이 조성되어 있다. 그 밖에도 미세먼지 저감, 에너지 절감 및 화재 및 범죄 예방 등 안전하고 쾌적한 친환경 주거 환경 조성을 목표로 한다.

신혼희망타운은 공공분양형으로 공급하되, 주택의 일부를 장기임대주택으로 혼합 공급하여 자금 여건에 맞는 주택 유형을 선택할 수 있다. 분양형은 연 1.3% 고정금리로 최대 30년간 집값의 70%까지 지원하며, 임대형은 최저 연 1.2%로 최대 10년간 임차보증금의 80%까지 지원받을 수 있다.

신혼희망타운 입주 자격

신혼희망타운은 분양형과 임대형에 따라 입주 자격이 다르다. 분양형 신혼희망타운의 기본 자격은 혼인 기간이 7년 이내인 무주택세대 구성원 신혼부부, 공고일로부터 1년 이내에 혼인 사실을 증명할 수 있는 예비 신혼부부(혼인으로 구성될 세대 구성원 모두 무주택), 6세 이하의 자녀(태아 포함)가 있는 무주택세대 구성원인 한부모가족(자녀의 부 또는 모로 한정)이다.

임대형의 경우 기본 자격은 혼인 기간 7년 이내인 무주택세대 구성원, 혼인을 계획 중이며 입주 전까지 혼인 사실을 증명할 수 있는 예비 신혼부부(혼인으로 구성될 세대 구성원 모두 무주택), 6세 이하의 자녀(태아 포함)가 있는 무주택세대 구성원이다.

입주 자격 분양형

기본 자격	신혼부부	혼인 기간이 7년 이내인 무주택세대 구성원
	예비 신혼부부	공고일로부터 1년 이내에 혼인 사실을 증명할 수 있는 (혼인으로 구성될 세대가 전부 무주택)분
	한부모가족	6세 이하의 자녀가 있는 무주택세대 구성원 (자녀의 부 또는 모로 한정함)
세부 공통 자격	입주 기준	입주할 때까지 무주택세대 구성원일 것
	입주자저축	가입 6개월 경과, 납입 인정 횟수 6회 이상
	소득 기준	전년도 가구당 도시근로자 월평균 소득 130% 이하 (맞벌이 140% 이하)
	총 자산기준	30,300만 원 이하(2020년도 적용 기준)
	전용 모기지 가입 기준	주택가격이 총자산 기준을 초과하는 주택을 공급받은 입주 예정자는 입주할 때까지 '신혼희망타운 전용 모기지'에 주택가격의 최소 30% 이상 가입할 것

입주 자격 임대형

구분		행복주택	국민임대
기본 자격	신혼부부	혼인 합산 기간이 7년 이내인 무주택 세대 구성원	혼인 기간이 7년 이내인 무주택 세대 구성원
	예비 신혼부부	혼인 합산 기간이 7년 이내이며 입주 전까지 혼인 사실을 증명할 수 있는 (혼인으로 구성될 세대 구성원 모두 무주택) 분	입주 전까지 혼인 사실을 증명할 수 있는(혼인으로 구성될 세대 전부 무주택) 분
	한부모가족	6세 이하의 자녀가 있는 무주택세대 구성원	
공통 자격	입주자저축	본인 또는 배우자 중 1인이 입주 전까지 가입 사실 증명	가입 6개월 경과, 납입 인정 횟수 6회 이상(전용 $50m^2$ 이상 주택에 한함)
	소득 기준	전년도 가구당 도시근로자 월평균 소득 100% 이하(맞벌이 120%)	전년도 가구당 도시근로자 월평균 소득 70% 이하
	총자산 기준	28,800만 원 이하(2020년 적용기준)	
	자동차 기준	2,468만 원 이하(2020년 적용기준)	

입주자 선정 방식(임대형)

구분	행복주택	국민임대
1순위	신청자 본인 또는 배우자의 거주지나 소득 근거지가 해당 주택건설지역 또는 연접지역인 분께 추첨제로 공급	혼인 기간 중 자녀를 출산(임신·입양 포함)하여 자녀(태아포함, 미성년자로 한정)가 있는 분께 가점제로 공급
2순위	신청자 본인 또는 배우자의 거주지나 소득 근거지가 해당 주택건설지역이 동일 광역권으로 제1순위에 해당되지 않는 분께 추첨제로 공급	제1순위 해당하지 않는 분께 가점제로 공급
3순위	제1순위 및 제2순위에 해당되지 않는 분께 추첨제로 공급	해당 없음
임대 조건	주변 전세 시세 대비 80%	주변 전세 시세 대비 60~80%
거주 기간	자녀가 없는 경우 6년, 자녀가 있는 경우 10년	

Chapter 4

청약으로 새 아파트 장만하기

내 집 마련의 첫 걸음! 주택청약저축

– 청약통장부터 만들자

2009년 5월 6일 청약종합저축이 출시된 이후 2020년 11월 주택 청약통장 가입자가 2,700만 명을 넘어섰다. 우리나라 인구(약 5,185만 명) 중 절반이 청약통장에 가입하고 있다. 그중 1순위 자격을 갖춘 가입자는 1,494만 8,433명으로 전체의 55.2%, 2순위 자격은 44.8%인 1,215만 4,260명이다. 최근 2~3년간 집값이 단기 급등했고, 정부의 거듭된 규제로 세금·대출 규제가 대폭 강화하면서 기존 아파트 시장으로 진입이 어려워졌다. 코로나 팬데믹으로 인한 경기침체 우려로 가격 불확실성도 커졌다. 기존 주택시장의 과열로 무주택자들의 진입이 어려워지고, 분양시장이 시세 대비 저렴하게 집을 살 수 있는 유일한 방법으로 주목받으면서 청약 경쟁은 갈수록 치열해지고 있다.

주택청약제도

주택청약제도는 주택을 분양받으려는 사람이 분양주택의 종류에 따라 일정한 입주 자격을 갖추어 사겠다는 의사 표시로 예금 등에 가입하는 것을 말한다. 청약을 하려면 청약저축, 청약예금, 청약부금, 주택청약종합저축 등 입주자 저축에 가입하는 것이 유리하다. 주거전용면적이

$85m^2$를 초과하는 주택을 분양받을 경우에는 제2종 국민주택채권 매입도 필요하다.

분양하는 주택의 입주자는 주택의 종류에 따라 무주택세대주 기간·청약저축 납입 횟수·저축 총액 등이 많은 순서로 입주자를 선정하는 순차제, 일정한 기준의 가점 항목과 감점 항목을 합하여 산정한 가점제, 점수가 높은 순서로 입주자를 선정하는 방식인 가점제와 추첨의 방식인 추첨제로 선정된다.

지역별 청약통장 가입자 수 (2020년 11월 말 기준)

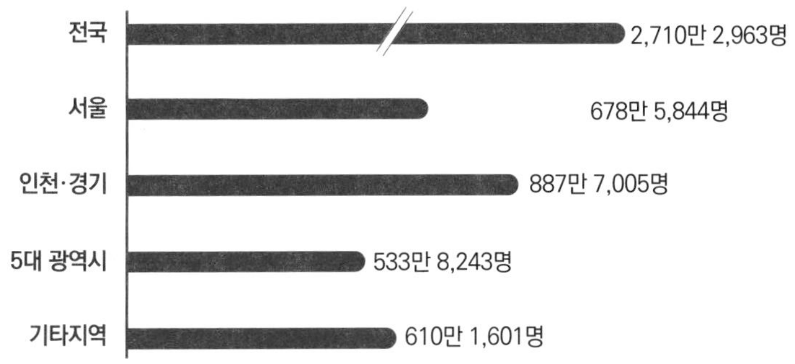

입주자 저축의 종류

청약저축

전용 25.7평($84.9m^2$) 이하 규모로 국민주택기금의 지원을 받아 짓는 국민주택을 분양 또는 임대주택을 분양 받을 수 있는 통장이다. 당해 주택건설지역에 사는 무주택세대주로서 1가구 1계좌에 한하며 20세 미만인 단독 가구주는 가입할 수 없다. 저축 금액은 다달이 내는 방식으로 2~10만 원을 5천 원 단위로 자유롭게 내면 된다. 가입 후 2년이 경과하고 월 납입금 연체 없이 24회 이상 납입하면 1순위가 되며, 6개월간 납입하면 2순위가 된다.

청약예금

민간 건설업체가 짓는 민영주택을 분양받을 자격을 얻기 위해 가입하는 예금으로 지역별로 청약 가능한 면적에 따라 일시불로 납부하는 방식이다. 한꺼번에 목돈을 넣어두고 6개월이 지나면 2순위, 2년이 경과하면 1순위 청약자격이 생긴다. 2000년 3월부터 20세가 넘는 사람이면 1인 1계좌가 가능했지만 2015년 9월 1일부터는 신규 가입이 중단되었다.

청약통장 종류와 차이점

구분	주택청약 종합저축	청약저축	청약예금	청약부금
특징	국민주택과 민영주택을 공급받기 위한 청약통장	85m^2 이하 국민주택을 공급받기 위한 청약통장	모든 면적의 민영주택을 공급받기 위한 청약통장	주거전용면적 85m^2 이하의 민영주택을 공급받기 위한 청약통장
가입 가능 여부	가능	불가	불가	불가
가입 대상	연령, 자격 제한 없음	무주택	만 19세 이상의 개인 (유주택자 가능)	
저축 금액	월 2~50만 원	월 2~10만 원	200~1,500만 원	월 5~50만 원
국민주택 청약 가능	O		X	X
민영주택 청약 가능	O	X	O	O

청약부금

전용 25.7평 이하 민영주택과 민간건설 중형 국민주택(18평~25.7평)을 청약할 목적으로 가입하는 저축이다. 한꺼번에 목돈을 넣어야 하는 청약예금과 달리 매월 5만 원 이상 50만 원 이내에서 자유롭게 낼 수 있다. 가입 대상은 청약예금과 같이 20세가 넘는 사람이면 1인 1계좌가 가능하다. 부금의 가장 큰 장점은 주택 구입 자금과 당첨 후 주택 입주 전까지 주택 임차 자금 대출도 가능하다는 것이다. 부금에 가입한 뒤 2년이 지나면 전용 25.7평 초과 평형을 받기 위해 청약예금으로 바꿀 수 있다. 2015년 9월 1일부터는 신규 가입이 중단되었다.

주택청약 종합저축

전용면적 85m² 이하의 공공주택(청약저축), 모든 민영주택과 전용면적 85m²를 초과하는 공공주택(청약예금), 전용면적 85m² 이하의 민영주택(청약부금) 등 기존의 주택청약 관련 상품에서 구별하였던 기능을 한데 통합하였다. 2009년 5월 6일 출시된 상품으로 국민주택과 민영주택을 가리지 않고 모든 신규 분양주택에 사용할 수 있어 '만능 청약통장'이라고도 한다.

주택 소유나 세대주 여부, 연령 등에 관계없이 누구나 가입할 수 있는 것이 특징이다. 단, 청약 자격은 만 19세 이상이어야 하고(19세 미만인 세대주는 허용), 국민주택의 경우에는 해당 주택의 건설 지역에 거주하는 무주택세대 구성원으로서 1세대 당 1주택, 민영주택의 경우에는 만 20세 이상의 가입자로서 1인당 1주택이 적용된다. 또 1인 1통장 제도가 적용되어 기존의 청약통장에 가입한 경우에는 이를 해지하고 신규로 가입하여야 하고, 2개 이상의 은행에 중복 가입도 허용되지 않는다.

신규로 가입한 경우에는 기존 청약통장의 가입 기간이나 납입 금액 등을 인정하지 않는다. 농협, 신한, 우리, 하나, IBK기업, KB국민, 대구, 부산, 경남은행에서 가입할 수 있다.

주택청약 자격

주택을 분양받으려는 사람이 분양받으려는 주택의 종류에 따라 일정한 입주 자격 및 입주 요건을 갖추어야 하는 것을 말한다. 일반분양 대상자의 기본 청약 자격은 해당 주택건설지역에 거주하는 자이며, 무주택자여야 한다. 지역별 예치 금액에 해당하는 금액이 입주자 모집 공고일 당일까지 통장에 있어야 한다. 청약예금 주택 규모를 변경한 경우 최초 입주자 모집 공고 전날까지 변경한 경우 신청 가능하다. 단, 작은 주택 규모로 변경할 경우 예치금액 충족 시 별도의 변경 절차 없이 하위 면적 모두 청약 가능하다.

민영주택 청약 지역·전용면적별 예치금액

전용면적	서울·부산	기타 광역시	기타 시·군
85m² 이하	300만 원	250만 원	200만 원
102m² 이하	600만 원	400만 원	300만 원
135m² 이하	1,000만 원	700만 원	400만 원
모든 면적	1,500만 원	1,000만 원	500만 원

①민간건설 중형국민주택 중 분양주택을 제외한 국민주택, 고용자인 사업주체가 소속 근로자에게 분양하는 주택, 국가기관·지방자치단

체 또는 법인이 공무원(공무원연금수급권자 포함)·군인(군인연금수급권자 포함) 또는 소속 근로자에게 분양하는 주택은 입주자 모집 공고일 기준 해당 주택건설지역에 거주하는 세대주여야 한다.

②민간 건설 중형국민주택 중 분양주택 및 민영주택은 입주자 모집 공고일 기준 해당 주택건설지역에 거주하는 20세 이상(20세 미만의 세대주 포함)이어야 청약 자격이 있다.

알쓸다잡 부동산 잡학사전

◇◇◇

청년이라면 청년 우대형 청약통장

2019년부터 청년 주거 지원 방안 조치로 무주택 청년의 주택 구입, 임차 자금 마련을 위한 청년 우대형 청약통장이 출시되었다. 소득공제, 우대금리, 비과세 혜택을 받을 수 있다. 나이 만 19세~만 34세(병역 기간 최대 6년 인정), 연소득 3천만 원 이하(프리랜서, 창업자 등 가능)이 가입 대상으로 ①무주택세대주(3개월 이상 세대주일 것) ②무주택자이고 가입일로부터 3년 이내 세대주 예정자(3개월 이상 세대주일 것) ③주민등록등본과 함께 등재된 본인, 배우자, (조)부모, 자녀가 모두 무주택세대의 세대원 조건 중 한 가지를 가입 시 갖춰야 한다. 자취방에 전입신고를 하면 세대 분리가 되어 무주택세대주가 되어 가능하다.

2021년 12월 31일까지 가입 가능하며, 기존 주택청약통장을 가지고 있다면 청년 우대형 청약통장으로 전환도 가능하다.

신청 준비 서류

소득증빙용 서류로 ISA 가입용 소득확인증명서, 원천징수영수증이 필요하다. 연령 및 가입 기간에 대한 무주택 확인을 위해서는 주민등록등본(최근 3개월 내 발급), 병역증명서(해당하는 자), 무주택 확인 각서(양식 은행 제공) 서류가 필요하다. KB국민은행, 신한은행, 우리은행, KEB하나은행, IBK기업은행, 농협, 대구은행, 부산은행, 경남은행에서 가입할 수 있으며 신청 준비 서류와 신분증 확인 후 무주택 확인 각서를 작성하면 통장을 발급받을 수 있다.

청년 우대형 청약통장 혜택

소득공제	우대금리	비과세
연 240만 원 한도 40% 공제 (최대 96만 원)	3.3% 이자	이자소득 500만 원까지 (2년 이상 유지 시)

주택청약 종합저축 vs 청년 우대형 청약통장 이자율 비교

주택청약 종합저축	구분	청년 우대형 청약통장
무이자	1개월 이내	무이자
연 1.0%	1개월 초과 1년 미만	연 2.5%
연 1.5%	1년 이상 2년 미만	연 3.0%
연 1.8%	2년 이상 10년 이내	연 3.3%
연 1.8%	10년 초과	연 1.8%

나에게 딱 맞는 청약을 선택하자

– 청약 주택의 유형과 자격발생

새 아파트의 경우 주택도시보증공사(HUG)의 주도하에 분양가가 주변 시세보다 낮게 책정되면서 청약을 통해 저렴하게 내 집 마련을 할 수 있다. 2020년 8월부터 공공택지 아파트에만 적용되던 분양가상한제가 재건축·재개발 등 민간택지에도 확대 적용된다. 집값도 계약금, 중도금, 잔금을 나눠 낼 수 있어 비용 부담이 덜하다.

아울러 정부가 수도권 3기 신도시를 2021년 7월부터 사전청약을 통해 공급하겠다고 밝힌 것도 청약통장 가입자 증가에 따른 영향이다. 최근 아파트값 상승과 전세난까지 심화되고 있어, 시세보다 저렴하게 공급되는 청약의 인기는 갈수록 뜨거워질 전망이다.

청약 유형 선택

청약의 종류는 국민주택과 민영주택, 공급 방식은 분양과 임대로 구분된다. 청약의 경우 장기전세주택(시프트)와 보금자리주택(뉴플러스)이 있다. 임대의 경우도 공공건설 임대주택과 민간건설 임대주택으로 나뉘며 그 외에도 저렴한 임대 조건의 영구임대, 저소득층을 위해 한국토지주택공사나 지방공사에서 건설하여 30년 이상 임대하는 국민임대가 있다.

청약 주택 종류

구분	국민주택	민영주택
특징	국가, 지방자치단체, 한국토지주택공사, 지방공사가 직접 건설하거나 국민주택기금으로부터 자금을 지원받아서 건설 또는 개량되는 85m² 이하(수도권 및 도시지역이 아닌 읍면 지역은 100m² 이하)의 공공분양 아파트	국민주택의 경우를 제외한 민간 건설사가 시공하는 브랜드 아파트
신청 자격	입주자 모집 공고일 현재 해당 주택 건설지역(동일 도지역)에 거주하는 무주택 구성원(입주시까지 무주택세대 구성원 자격 유지)	입주자 모집 공고일 현재 해당 주택 건설지역(동일 도지역)에 거주하는 만 19세 이상인 자
신청 가능 청약통장	청약저축, 주택청약 종합저축	청약예금, 청약부금, 주택청약 종합저축

다양한 청약주택

구분	장기전세 (시프트)	보금자리주택 (뉴플러스)	행복주택
특징	주변 전세 시세의 80%, 매매 시세의 30% 수준으로 최장 20년 동안 거주할 수 있는 임대주택	공공 재정 또는 기금의 지원을 받아 건설, 매입하여 분양 또는 임대를 목적으로 공급하는 주택	대학생, 신혼부부, 사회 초년생 등을 위해 직장과 학교가 가까운 곳이나 대중교통 이용이 편리한 곳에 짓는 임대료가 저렴한 공공임대주택
신청 자격	입주자 모집 공고일 현재 서울특별시에 거주하며, 본인과 세대원 전원이 무주택인 세대 구성원으로서 소득 및 자산 보유 기준에 해당하는 자	입주자 모집 공고일 현재 해당 주택 건설지역(동일 도지역)에 거주하는 무주택세대주	대학생, 사회 초년생, 신혼부부, 노인계층, 취약계층, 산단 근로자로 일정한 소득기준과 입주 자격에 해당하는 자
신청 가능 청약통장	청약저축, 주택청약 종합저축	청약저축, 주택청약 종합저축	청약저축, 주택청약 종합저축(대학생과 취약계층은 청약통장 미보유 청약 가능)

임대주택 종류

구분	공공건설 임대주택	민간건설 임대주택	영구임대
특징	국가 또는 지방자치단체의 재정으로 건설하거나 국민주택기금에 의한 자금을 지원받아 건설하여 임대하는 주택	공공건설 임대주택 이외의 건설 임대주택으로 전용면적 60m² 초과~ 85m² 이하의 임대주택	저렴한 임대 조건(보증금, 월임대료)에 영구적으로 거주할 수 있는 주택으로 분양 전환되지 않는 주택
신청 자격	입주자 모집 공고일 현재 해당 주택 건설지역(동일 도지역)에 거주하는 무주택 구성원(입주시까지 무주택세대 구성원 자격 유지)		국민기초생활보장법의 수급권자, 국가유공자, 군위안부피해자, 한부모가정, 장애인, 아동복지시설퇴소자, 전년도 도시근로자 가구당 월평균 소득의 50% 이하인 자, 국토교통부장관과 시도지사가 인정하는 자
신청 가능 청약통장	청약저축, 주택청약 종합저축	청약예금, 청약부금, 청약저축, 주택청약 종합저축	

국민임대

구분	전용면적 50m² 미만	전용면적 50m² 이상~ 60m² 이하	전용면적 60m² 초과
특징	입주자 모집 공고일 현재 무주택세대 구성원으로 당해 세대의 월평균 소득이 전년도 도시근로자 가구당 월평균 소득의 70% 이하인 자	입주자 모집 공고일 현재 청약저축에 가입한 무주택세대 구성원으로 당해 세대의 월평균 소득이 전년도 도시근로자 가구당 월평균 소득의 70% 이하인 자	입주자 모집 공고일 현재 청약 저축에 가입한 무주택세대 구성원으로 당해 세대의 월평균 소득이 전년도 도시근로자 가구당 월평균 소득의 100% 이하인 자
신청 가능 청약통장	청약통장 가입 필수 조건 X(청약통장 납입 횟수에 따라 가점 적용)	청약저축, 주택청약 종합저축	청약저축, 주택청약 종합저축

청약 자격을 확인하자

주택청약의 경우 1순위와 2순위로 청약 조건이 구분된다. 당첨자의 경우 1순위에서 선정되고 청약이 미달될 경우 2순위에 기회가 오긴 하지만 인기 높은 단지는 1순위에서 마감되는 경우가 대부분이다. 1순위와 2순위 자격요건은 해당 아파트의 종류와 위치, 지역에 따라 달라진다.

국민주택의 경우 1순위가 되려면 수도권은 1년 경과, 월 납입금 12회 차 이상이며 수도권 외의 경우 6개월 경과, 월 납입금 6회 차 이상이어야 한다. 민영주택의 경우 1순위가 되려면 수도권은 1년 경과, 지역별 예치금 조건에 해당해야 하며 수도권 외의 경우 6개월 경과, 지역별 예치금 조건을 만족하면 된다. 매월 정해진 날짜에 입금하지 않으면 지연일수가 적용되어 순위 발생이 지연될 수 있다.

수도권 보금자리지구, 투기과열지구, 주택거래신고지역에 속한 경우 입주자 모집 공고일 현재 2주택 이상을 소유(배우자 및 세대원 포함)했거나 과거 5년 이내에 주택에 당첨된 경우(배우자 및 세대원 포함) 청약 1순위 자격 제한되어 2순위로 청약이 가능하다.

내 청약 점수는 몇 점일까?

– 주택청약가점제와 가산점

주택청약가점제란 실수요자에게 주택을 공급하기 위해 가구주의 나이, 청약통장 가입 기간, 무주택 기간, 부양가족 수 등 항목에 따라 각각 점수를 매긴 뒤 총점이 높은 순으로 주택을 분양하는 제도다. 1순위 청약자 내에서 경쟁이 있을 경우 무주택 기간(32점), 부양가족 수(35점) 및 청약통장 가입 기간(17점)을 기준으로 산정한 가점 점수가 높은 순으로 당첨자를 선정한다.

무주택 기간 산정

무주택 기간은 만 20세 이상을 넘어선 후 결혼을 한 시점 또는 만 30세가 된 시점 중 빠른 시기를 기준으로 산정한다. 부양가족 수는 주민등록등본상에 등재된 직계존속과 직계비속을 포함한 세대원 수를 말한다. 또한 청약통장 가입 기간은 무주택자로서 실제 청약통장에 가입하고 유지한 기간을 말한다. 민영주택 선정 기준은 일반적인 민영주택의 경우로 투기과열지구, 청약과열지역, 수도권 지정 공공택지지구, 85m^2 공공건설 임대주택은 제외된다.

청약가점 산정 기준표

<table>
<tr><th>가점 항목</th><th>가점 구분</th><th>점수</th><th>가점 구분</th><th>점수</th></tr>
<tr><td rowspan="10">무주택 기간
(32점)</td><td>30세 미만 미혼무주택자</td><td>0</td><td>8년 이상~9년 미만</td><td>18</td></tr>
<tr><td>1년 미만(무주택자에한함)</td><td>2</td><td>9년 이상~10년 미만</td><td>20</td></tr>
<tr><td>1년 이상~2년 미만</td><td>4</td><td>10년 이상~11년 미만</td><td>22</td></tr>
<tr><td>2년 이상~3년 미만</td><td>6</td><td>11년 이상~12년 미만</td><td>24</td></tr>
<tr><td>3년 이상~4년 미만</td><td>8</td><td>12년 이상~13년 미만</td><td>26</td></tr>
<tr><td>4년 이상~5년 미만</td><td>10</td><td>13년 이상~14년 미만</td><td>28</td></tr>
<tr><td>5년 이상~6년 미만</td><td>12</td><td>14년 이상~15년 미만</td><td>30</td></tr>
<tr><td>6년 이상~7년 미만</td><td>14</td><td>15년 이상</td><td>32</td></tr>
<tr><td>7년 이상~8년 미만</td><td>16</td><td colspan="2"></td></tr>
<tr><td colspan="4">[무주택 여부 판단 기준]
· 입주자 모집 공고일 현재 청약통장 가입자의 주민등록등본에 등재된 가입자 및 세대원 전원이 무주택자이어야 함.
[무주택 기간 산정 기준]
· 무주택 기간은 청약통장 가입자 및 배우자를 대상으로 산정
· 무주택 기간은 만 30세를 기산점으로 하되, 30세 이전에 혼인한 경우 혼인신고를 한 날부터 기산
· 만 30세 미만으로서 미혼인 무주택자의 가점 점수는 0점임</td></tr>
<tr><td rowspan="5">부양가족 수
(35점)</td><td>0명(가입자 본인)</td><td>5</td><td>4명</td><td>25</td></tr>
<tr><td>1명</td><td>10</td><td>5명</td><td>30</td></tr>
<tr><td>2명</td><td>15</td><td>6명 이상</td><td>35</td></tr>
<tr><td>3명</td><td>20</td><td></td><td></td></tr>
<tr><td colspan="4">[부양가족의 범위]
· 입주자 모집 공고일 현재 청약통장 가입자의 주민등록등본에 등재된 세대원
[부양가족의 인정 기준]
· 직계존속을 부양하는 경우 청약자가 세대주로서 3년 이상 계속해서 부양해야 인정
· 직계비속을 부양하는 경우 만 30세 이상의 미혼자녀는 입주자 모집 공고일 기준으로 최근 1년 이상 계속해서 동일한 주민등록등본상에 등재 시에만 부양가족으로 인정</td></tr>
</table>

청약통장 가입 기간 (17점)	6개월 미만	1	8년 이상~9년 미만	10
	6개월 이상~1년 미만	2	9년 이상~10년 미만	11
	1년 이상~2년 미만	3	10년 이상~11년 미만	12
	2년 이상~3년 미만	4	11년 이상~12년 미만	13
	3년 이상~4년 미만	5	12년 이상~13년 미만	14
	4년 이상~5년 미만	6	13년 이상~14년 미만	15
	5년 이상~6년 미만	7	14년 이상~15년 미만	16
	6년 이상~7년 미만	8	15년 이상	17
	7년 이상~8년 미만	9		
	· 입주자 모집 공고일 현재 청약자의 청약통장 가입 기간을 기준으로 하며, 청약통장 전환, 예치금액변경 및 명의 변경을 한 경우에도 최초 가입일(순위기산 일)을 기준으로 가입 기간 산정.			

동일 순위 내 입주자 선정 기준

청약 순위	주택 종류	선정 방법	
1순위	국민주택	순차별 공급 (순차 기준은 무주택 기간, 납입 횟수, 납입 총액 등)	
	민영주택	$85m^2$ 이하	가점 및 추첨(40% 이상: 60% 이상)으로 선정
		$85m^2$ 초과	추첨
2순위	추첨으로 선정		

가점제 적용 방법

구분	국민주택	민영주택
전용면적 $85m^2$ 이하 저축 종류	주택청약 종합저축(청약저축)	주택청약 종합저축(청약예금, 청약부금)

전용면적 85m² 이하 당첨자 선정 방법	순차별 공급	가점제 40%, 추첨제 60%(단 예외 규정 적용시 가점제 최대 100%)
전용면적 85m² 초과 저축 종류		주택청약 종합저축(청약예금)
전용면적 85m² 초과 당첨자 선정 방법		추첨제(단, 예외 규정 적용시 가점제 50%, 추첨제 50%)

부동산 꿀팁

청약 점수를 미리 계산해보자

'한국부동산원 청약홈' 포털 사이트에 무주택 기간, 부양가족, 청약통장 최초 가입일 정보만 입력하면 자신의 청약 점수를 알 수 있다. 청약가점제에 의해 청약 신청을 할 때에는 청약자 본인이 직접 주택 소유 여부, 무주택 기간 및 부양가족 수를 산정해야 하므로 신청 전에 청약 신청 시 유의 사항 및 가점제도 내용을 충분히 이해해야만 착오에 따른 불이익을 피할 수 있다.

알쓸다잡 부동산 잡학사전

◇◇◇

청약 가점 올리는 방법

청약통장 증여를 통한 가점 올리기

주택청약은 무주택 기간, 부양가족 수, 청약통장 납입 기간 등을 고려해 차등적으로 점수를 매긴 후, 가점이 높은 순서대로 당첨자를 선정한다. 이러한 이유로 20, 30대 젊은 무주택자 사이에선 '청포자(청약 포기자)'라는 말까지 생겼다. 하지만 부모님의 청약통장을 증여받으면 청약 가점까지 그대로 인정받아 단기간에 청약 가점을 높일 수 있다. 단, 증여받은 통장을 사용하려면 기존에 본인이 보유하고 있던 청약통장은 해지해야 한다. 기존 청약통장에 있던 예치금은 증여받은 통장과 합산이 불가능하다.

청약통장 종류별 증여 조건

청약통장 종류	청약 가능 주택	청약 가점 승계 증여 조건
청약저축	국민주택(공공주택)	가입자 사망으로 인한 상속, 가입자의 배우자 또는 세대원인 직계 존비속으로 세대주를 변경하는 경우
청약예금	민영주택	2000년 3월 26일 이전 가입: 청약저축과 동일 2000년 3월 27일 이후 가입: 주택청약종합저축과 동일
청약부금	전용면적 85m² 이하 민영주택	
주택청약 종합저축	국민 · 민영주택	가입자 사망으로 인한 상속

준비된 자만이 청약에 성공한다

- 입주자 모집 공고 확인하기

청약통장을 만들고 순위 조건을 확인했다면 이제 본격적으로 나에게 맞는 분양 정보를 확인해야 한다. 아파트 분양의 경우 ①건설사 분양 계획 수립 ②입주자 모집 공모 ③아파트 모델하우스 오픈 ④특별공급 및 1·2순위 청약 접수 ⑤당첨자 발표 ⑥계약일 ⑦예비 당첨자 추첨의 7단계로 이루어진다.

입주자 모집 공고 확인 사항

입주자 모집 공고는 주택을 공급하는 자가 해당 주택건설지역 주민이 널리 볼 수 있는 일간신문, 관할 시·군·자치구의 인터넷 홈페이지 또는 일정한 장소에 게시 공고한다. 대개 청약 접수를 일주일 정도 앞두고 게재된다. 입주자 모집 공고에는 최초 신청 접수일부터 5일 이전에 호당 또는 세대 당 분양면적 및 대지면적, 분양가 및 임대보증금, 주택 유형별 신청 자격, 청약 시 필요한 서류, 모델하우스 위치, 당첨자의 발표 일시·장소 및 방법, 입주 예정일 등이 포함된다.

국민주택 분양의 경우 입주자 모집 공고에 해당 주택이 무주택 국민을 위하여 정부가 저리의 자금을 지원한 주택이라는 사실과 더불어 소음 관련 등급, 환경 관련 등급, 주민공동시설에 대한 생활 환경 등급 등에 관하여 인정받은 주택 성능 등급이 표시된다.

입주자 모집 공고는 LH청약센터(apply.lh.or.kr), 한국부동산원 청약홈(applyhome.co.kr), 마이홈포털(myhome.go.kr)에서 확인할 수 있다.

주택 유형 분석하기

가장 먼저 집 넓이를 확인할 수 있는 '주택형'을 확인하자. 단위는 m^2로 평형으로 확인하려면 3.3으로 나누면 된다. '발코니유형'의 경우 발코니 면적을 확장해서 거실, 방의 용도로 사용하는 것을 의미하며 추가 비용이 발생하기 때문에 총 분양가 산정 시 고려해야 한다. '세대당 주택면적'은 세대당 주어진 총 면적으로 집 안의 면적 외에도 계단, 주거 공용면적, 지하주차장 등 세대별 기타 공용면적을 더한 면적이다.

면적 정보 살피기

'공급면적'은 분양하는 아파트의 주거 면적이다. '주거전용면적'은 실면적으로 발코니를 제외한 등기부등본에 '소유자 전유부분'으로 표기되는 면적으로 청약 가입자의 경우 85m^2 이하의 주택에만 신청할 수 있다. '주거공용면적'은 입주민이 함께 사용하는 공간을 세대수로 나눈 것이며 '공유대지면적'은 단지의 놀이터나 도로, '기타공용'은 관리사무소나 노인정 등의 면적을 뜻한다. '계약면적'은 주거전용면적, 주거공용면적 및 그 밖의 공용면적과 지하주차장 면적을 모두 합친 면적이다.

공급 정보 확인하기

공급은 크게 특별공급과 일반공급으로 구분된다. '특별공급'이란 사회적·정책적으로 배려가 필요한 계층의 주거 안정을 위해 청약자들과 경쟁하지 않고 분양을 받을 수 있는 제도로 신혼부부, 다자녀, 노부모 부양 등 항목으로 나뉜다. '일반공급'은 청약통장 가입자가 인터넷으로 청약가점제를 이용해 아파트를 청약하는 것이다. '입주 시기'는 청약 당첨 후 계약금과 중도금을 내면 언제 입주할 수 있는지를 뜻한다.

금액 분석하기

아파트의 경우 전망, 일조량에 따라 층마다 가격이 다르다. 일반적으로 1층은 비교적 저렴하고 최고층은 더 비싼 편이다. '주택가격'은 총 분양 대금으로 그외에 발생하는 취득세. 농어촌특별세, 지방교육세까지 고려해 자금을 준비하는 것이 좋다. '계약금'은 청약에 당첨되었을 때 지불하는 금액으로 10~20% 정도에서 책정된다. '중도금'의 경우 계약금과 잔금을 제외하고 중간에 금액을 나누어 납부해야 하는 금액으로 보통 60% 정도로 책정된다. '잔금'은 계약금과 중도금 외의 금액으로 입주 예정 시 납부해야 소유권 이전이 완료된다.

부동산 꿀팁

마이너스 옵션을 알아두자

'마이너스 옵션'이란 건설사가 아파트 골조 공사와 외부 미장, 마감 공사까지만 하고 분양하는 방식으로 입주자는 내부 마감재나 인테리어 및 각종 설치 비용을 제외한 가격으로 분양받고, 완공 전후에 입주자가 품목을 선택할 수 있다. 이를 통해 분양가를 낮추고, 취득세와 양도세도 줄일 수 있으니 꼼꼼한 비교가 필요하다. 하지만 옵션 품목을 부분적으로 선택할 수 없기 때문에 미리 인테리어 비용을 계산해봐야 한다.

차근차근 청약 신청, 두근두근 입주하기

– 청약 신청과 당첨자 확인

청약은 ①청약 준비 ②청약 신청 ③청약 신청 완료 ④당첨 확인 ⑤계약 체결 5단계로 진행된다. 입주자 모집 공고를 통해 청약 자격 유무와 접수 일자와 필요 서류 등 준비를 마쳤다면 청약 신청이 가능하다.

청약 신청하기

희망 주택과 면적을 정확히 확인 후 신청하자. 접수는 당일에 한하여 취소 및 재접수 가능(거래 완료 기준 오후 5시 30분까지)하며 당첨자 발표일이 동일한 아파트 두 단지에 중복 청약 시 당첨되어도 모두 부적격 당첨으로 무효 처리된다.

청약 자격 또는 구비 서류에 허위, 오류, 누락된 사실이 없는지도 확인하자. 허위로 입력 시 부적격 당첨자로 분류되어 당첨 취소, 계약 취소, 청약통장 재사용 불가 등의 불이익을 받으며, 당첨일로부터 일정 기간 동안 다른 분양 주택의 입주자로 선정될 수 없다. 부적격 당첨자 본인에 한해 서울, 수도권은 1년, 비수도권은 6개월, 청약 위축지역은 3개월간 청약이 제한된다.

청약 시 은행에서 청약 자격(1순위 청약 제한, 거주지역, 가점항목별 신청 내용, 무주택세대주 등)을 확인하지 않고 당첨자에 한해 사업주체에서 확인하기 때문에 입주자 모집 공고문을 참고해서 청약 자격을 자세히 확인 후 신청해야 한다.

인터넷 청약 신청 방법

이용 대상	청약통장에 가입하여 1,2순위 자격이 발생하고 공동인증서를 보유한 경우
이용 시간	월~금 08:00~17:30 (17:30은 거래 완료 기준)
인터넷 청약 신청 방법	①한국부동산원 「청약홈」 홈페이지(www.applyhome.co.kr) 접속→청약 신청하기(APT) ②SH공사 인터넷 청약 서울주택도시공사에서 공급하는 주택분양에 대한 청약 신청 SH인터넷청약시스템(www.i-sh.co.kr) 접속→인터넷 청약→단지 선택→해당 단지의 진행 상태(청약 중)→공동인증서 본인 확인(구 공인인증서)→단지 선택→신청자격→인적 사항 작성 및 청약 서약→가점사항 입력 나의 청약 내역 확인 ③LH 인터넷청약 한국토지주택공사에서 공급하는 '토지, 분양주택, 임대주택, 주거복지, 상가'에 대하여 청약 신청 LH 청약센터(apply.lh.or.kr) 접속→인터넷 청약→공동인증서 로그인→청약 신청→공급 유형 선택 후 인터넷 청약 신청

당첨 확인

당첨자 발표는 청약 신청 시 공지된 방법에 따라 확인하면 된다. 당첨 확인 시 계약 체결일, 계약 장소, 구비 서류 등 각종 계약 관련 서류를 확인하자. 당첨 및 계약 체결 관련 문의는 당첨된 주택의 사업주체(분양사무소)에서 가능하며 당첨자 발표일로부터 보통 3일 동안 계약 서류를 구비하여 계약을 체결한다. 만약 주택 소유, 당첨 사실 등 부적격 당첨자(주택 소유, 당첨 사실, 거주 지역, 비세대주 등 이유)로 통보되는 경우 사업주체에서 정한 기간 내에 소명 서류를 제출해야 한다.

당첨된 청약통장은 분양전환되지 않는 임대주택에 당첨된 경우 재사용할 수 있지만 그 외는 계약 체결 여부와 관계없이 재사용이 불가능하다. 다만, 분양전환되지 아니한 임대주택에 당첨된 청약통장은 주택유형(분양, 임대)에 관계없이 재사용할 수 있다.

입주하기

입주의 경우 ①입주 예약 접수 ②분양 대금 완납 ③선수관리비(관리비 예치금) 납부 ④입주증 발급 ⑤열쇠 인수 5단계로 이루어진다. 입주 기간은 입주 예정일로부터 60일 정도의 기간 동안 이루어지며 기간 내에 이삿날을 정해 입주지원센터에 입주 예약을 하면 된다.

분양대금의 경우 해당 은행에 방문하여 납부하며 중도대출금과 이주비는 상환 및 대출로 전환한다. 입주 지정일에 입주한 경우 잔금 완납과 동시에 입주 가능하며, 관리비는 열쇠 수령일부터 납부한다. 하지만 입주 지정일 이후 미입주 세대의 경우 잔금에 연체 이자가 부과되며, 관리비는 입주 지정일 종료 다음 날부터 부과된다.

입주 후 해야 할 일

주민등록 전입신고	입주일로부터 15일 이내에 해당 동 주민센터 또는 읍사무소에 신고한다. 정부24(www.gov.kr)에서 전입신고도 가능하다. 구비 서류: 전입신고서(동주민센터), 자동자등록증, 주민등록증(전세대원), 세대주 인감도장, 운전면허증, 의료보험증
국민건강보험	전입신고 시 건강보험공단에 주소이전 신고를 하여야 한다.(전화 신고 가능) 구비 서류: 주민등록등본 1통(전입주소), 건강보험카드
차량 이전 등록	전입일로부터 14일 이내에 해당 동 민원봉사과에서 등록해야 한다. 구비 서류: 자동차등록증, 주민등록증, 면허증 및 도장, 자동차세 완납증명, 책임보험 영수증

분양대금 완납 입금증, 선수관리비 납부확인증(입주관리센터), 신분증을 준비하여 입주증을 발급받을 수 있다. 열쇠 수령 후 세대를 방문하여 전기, 가스, 수도 등 계량기 검침과 시설물을 확인하고 하자가 있을 경우 하자접수센터에 접수하면 된다.

예비부부, 신혼부부라면 신혼부부 특별공급

- 청년, 신혼부부라면 특공을 노려라 1

결혼을 앞두고 있는 예비부부, 그리고 새로운 보금자리를 준비 중인 신혼부부라면 신혼부부 특별공급에 대해 꼭 알아두자. 특별공급이란 주택 공급에 관한 규칙에 의거하여 신혼부부, 국가유공자, 장애인, 다자녀가구, 노부모 부양자 등 정책적 배려가 필요한 사회계층에게 주택 마련을 지원하기 위해 일반공급과의 청약 경쟁 없이 별도로 분양받을 수 있는 제도다.

신혼부부 특별공급 지원 자격

신혼부부 자격이 되어야 한다. 신혼부부란 혼인 기간이 7년 이내(입주자 모집 공모일 기준)를 말하며 혼인 예정자도 가능하다. 혼인 예정자의 경우 공영주택은 혼인 사실을 증명할 수 있는 자료가 있으면 가능하다. 하지만 민영주택의 경우 예비부부 신청이 불가하여 혼인신고 후에 신청이 가능하다. 한부모가정이라면 만 6세 이하의 자녀가 있어야 한다. 또 무주택자여야 하며 주택청약에 가입이 되어 있어야 하고 최소 6개월 이상, 납입 횟수 6회 이상이 되어야 한다.

청약 한도는 1회로 제한되어 있지만 청약 당첨이 안 되더라도 기회가 남기 때문에 기성세대보다 가점이 낮고 상대적으로 불리할 수밖에 없는 예비부부, 신혼부부라면 당첨될 확률이 높다.

신혼부부 특별공급 기준표

대상 주택	전용면적 85m² 이하의 분양주택 및 임대주택
공급 물량	건설량의 10% 범위 내(공공건설 임대: 15%, 국민임대: 30%)
청약 자격	입주자 모집 공고일 현재 혼인 기간이 5년 이내이고, 그 기간에 출산(임신 및 입양 포함)하여 자녀가 있는 무주택세대 구성원
청약통장	주택별 청약 가능한 청약통장에 가입한 지 6개월이 경과하고 아래의 요건을 충족하는 자 · 청약저축·청약종합저축: 매월 정해진 날(신규일 응당일)에 월 납입금을 6회 이상 납입한 자 · 청약예금·청약종합저축: 민영주택 지역별 면적별 납입 인정금액을 예치한 자 · 청약부금: 민영주택 지역별 85m²이하 납입 인정금액을 예치한 자
선정 방법	1순위: 혼인 기간이 3년 이내, 그 기간에 출산하여 자녀가 있는 자 2순위: 혼인 기간이 3년 초과 5년 이내, 그 기간에 출산하여 자녀가 있는 자 · 출산: 임신 및 입양 포함 · 순위가 같은 경우에는 해당 주택건설지역의 거주자이거나 자녀 수가 많은 경은 자 우선, 자녀 수가 같을 경우 추첨으로 선정

신혼부부 특별공급 소득 요건

2020년 민영주택의 신혼부부 특별공급 소득 기준은 도시근로자 월평균 소득의 외벌이 120%, 맞벌이 130% 이하이지만, 2021년부터는 도시근로자 월평균 소득의 외벌이 140%, 맞벌이 160% 이하로 요건이 완화된다. 공공주택의 신혼부부 특공 소득 기준도 현재 도시근로자 월평균 소득의 외벌이 100%, 맞벌이 120% 이하에서 2021년에는 외벌이 130%, 맞벌이 140% 이하로 높아진다. 정확한 소득에 대한 것은 도시근로자 가구당 월평균 소득 기준표를 참고하여 계산하면 된다.

신혼부부 특별공급 소득 조건표

구분	2020년		2021년 개정	
공공	도시 근로자 월평균 소득의 100%(맞벌이 120%) 이하 일반(30%)		우선(70%)	2020년 동일
			130%(맞벌이 140%)	
민영	우선(75%)	100%(맞벌이 120%) 이하	우선(70%)	2020년 동일
	일반(25%)	120%(맞벌이 130%) 이하	일반(30%)	140%(맞벌이 160%)

신혼부부 특별공급 가점 기준

가산점 제도는 특별공급 기준 조건을 충족하는 사람이 많을 경우 추가 선별을 위해 그 기준을 마련한 것이다. 우선 신혼부부를 위한 특별공급이기 때문에 결혼 후 시간이 많이 지날수록 상대적으로 불리하다. 혼인 7년 이하 1점, 5년 이하 2점, 3년 이상 3점이 되기 때문에 결혼은 했지

신혼부부 특별공급 가점 기준표

항목	배점기준	점수
가구 소득	해당 세대의 월평균 소득이 전년도 도시근로자 가구당 월평균 소득의 80%(배우자가 소득이 있는 경우 100%) 이하인 경우	1
자녀의 수	3명 이상	3
	2명	2
해당 주택건설지역 연속 거주 기간	3년 이상	3
	1년 이상 3년 미만	2
	1년 미만	1
주택청약 종합저축 납입 횟수	24회 이상	3
	12회 이상 24회 미만	2
	6회 이상 12회 미만	1

혼인 기간 (신혼부부에 한함)	3년 이하	3
	3년 초과 5년 이하	2
	5년 초과 7년 이하	1
자녀의 나이 (한부모 가족에 한함)	2세 이하(만 3세 미만)	3
	2세 초과 4세 이하(만 5세 미만)	2
	4세 초과 6세 이하(만 7세 미만)	1

만 아직 혼인신고를 하지 않았다면 참고하자.

청약 납입 횟수는 신혼부부 뿐만 아니라 주택청약의 기본적인 가점 기준이다. 납입 횟수가 6회 이상~12회 미만은 1점, 24회 미만은 2점, 그 이상은 3점이 부과된다. 자녀 유무 또한 가점 항목으로 자녀의 수 1명당 1점을 받을 수 있으며 3명 이상은 모두 3점이다.

청약을 원하는 지역에 거주하거나 거주 기간이 길면 길수록 유리하다. 1년 미만 거주 시 1점, 3년 미만 거주 시 2점, 3년 이상 거주 시 3점이 부과된다.

주택 구입이 처음이라면 생애최초 특별공급

- 청년, 신혼부부라면 특공을 노려라 2

생애최초 특별공급 소득 기준도 완화된다. 현재 공공주택의 생애 최초 특별공급 소득 기준은 도시근로자 월평균 소득의 100% 이하, 민영주택의 생애 최초 특별공급 소득 기준은 도시근로자 월평균 소득의 130% 이하다. 그러나 2021년부터 공공주택은 130% 이하까지, 민영주택은 160% 이하까지 완화된다.

생애최초 특별공급 지원 자격

투기과열지구 또는 청약과열지역의 경우 주택청약 종합저축에 가입하여 2년이 지난 자로 별도의 정해진 예치금 이상의 금액이 통장에 있어야 한다. 국민주택은 저축액이 선납금을 포함하여 600만 원 이상, 민영주택은 예치 기준금액이 특별공급의 대상이 되는 85m^2 이하 주택의 경우 서울과 부산은 300만 원, 이외 광역시 250만 원, 이외 지역 200만 원이다. 기타 지역은 수도권은 1년 이상(단 시도지사 재량에 따라 2년까지), 비수도권은 6개월 이상(단 시도지사 재량에 따라 1년까지) 청약통장의 가입 기간이 필요하다.

투기과열 또는 조정대상지역의 1순위 요건에는 세대주만 가능하고,

세대원 중 과거 5년 이내에 다른 주택에 당첨된 사실이 있는 경우 1순위에서 제외된다.

생애최초 특별공급 기준표

구분	내용
대상 주택	국민주택
공급 물량	건설량의 25% 범위 내(민영주택은 공공택지 15%, 민간택지 7%)
청약 자격	생애 최초(세대원 모두 과거 주택을 소유한 사실이 없는 경우로 한정)로 주택을 구입하는자로서 다음의 요건을 모두 충족하는 경우 ·일반공급 1순위인 무주택세대구성원으로서 저축액이 선납금을 포함하여 600만 원 이상인 자 ·입주자 모집 공고일 현재 혼인 중이거나 자녀가 있는 자 ·입주자 모집 공고일 현재 근로자 또는 자영업자로서 5년 이상 소득세를 납부한 자 ·해당 세대의 월평균 소득이 전년도 도시근로자 가구당 월평균 소득의 100% 이하인 자
청약통장	주택별 청약 가능한 청약통장에 가입한 지 12개월을 경과하고 아래의 요건을 충족하는 자 ·청약저축: 매월 약정납입일에 월 납입금을 12회 이상 납입한 자 *수도권 이외의 지역은 6~12개월 기간으로 시·도지사가 정하는 기간
선정 방법	경쟁이 있을 경우 추첨으로 선정

생애최초 특별공급 소득세 납부 기준

근로자 또는 자영업자로 5년 이상 소득세를 납부한 자, 최근 실직을 하여 현재 근로자 또는 자영업자가 아니더라도 입주자 모집 공고일 기준으로 1년 내에 소득세를 납부한 경우라면 생애최초 특별공급을 신청할 수 있다. 보험설계사, 방문판매원 등 자영업자가 아닌 특수고용직 종사자의 경우에도 모집공고일로부터 1년 이내 소득세를 납부한 사실이 있고, 5년 이상 납부했다면 신청이 가능하다.

소득세 납부 사실 확인은 세무서에서 발급 가능한 소득금액증명, 납세사실증명, 일용근로자 소득금액증명, 직장에서 발급 가능한 근로소득원천징수영수증, 일용근로소득지급명세서를 통해 증명할 수 있다. 만약 세대주인 신청자 본인이 아닌 배우자 또는 세대원만 소득세 납부 실적이 있는 경우에는 자격이 인정되지 않는다. 또 소득세를 낸 적이 있더라도 근로소득 또는 사업소득이 아닌 이자소득이나 배당소득 관련 세금만 낸 경우는 불가능하다.

생애최초 특별공급 소득 요건

국민주택의 경우 해당 세대의 월평균 소득이 전년도 도시근로자 가구당 월평균 소득(4명 이상인 세대는 가구원 수)의 100% 이하다. 민영주택의 경우 국민주택에 비해 분양가가 높은 것을 감안해 해당 세대의 월평균 소득이 전년도 도시근로자 가구당 월평균 소득의 130%(맞벌이 140%) 이하다. 다른 특별공급의 경우 외벌이 100% 이하이지만 생애최초의 경우 외벌이도 130%로 인정된다.

민영주택 신혼부부 소득 요건 변경안

분양가	기존		변경	
	우선(75%)	일반(25%)	우선(75%)	일반(25%)
6억 원 이하	소득 요건 100% (맞벌이 120%)	소득 요건 120% (맞벌이 130%)	100% (맞벌이 120%)	120% (맞벌이 130%)
6~9억 원			100% (맞벌이 120%)	120% (맞벌이 130%)
				생애최초 주택구입 130% (맞벌이 140%)

생애최초 특별공급 소득 기준표

구분	공급 유형	구분	3인 이하	4인	5인
공공주택	우선공급(75%)	100% 이하	5,554,983원	6,226,342원	6,938,354원
	일반공급(25%)	130% 이하	7,221,478원	8,094,245원	9,019,860원
민영주택	우선공급(75%)	130% 이하	7,221,478원	8,094,245원	9,019,860원
	일반공급(25%)	160% 이하	8,887,973원	9,962,147원	11,101,366원

3인 이하(2인 이하 동일) 기준으로 100%는 월평균 소득 555만 원, 130%는 722만 원이다. 이때 기준이 되는 것이 공공분양은 건강보험공단 보수월액이며 전년도 소득을 기준으로 한다. 월평균 소득 산정 시에는 주민등록상 세대주와 만 19세 이상 성년자인 세대원의 소득을 모두 합산해 산정한다.

국민주택 생애최초 공급의 경우 자산 기준이 추가로 있다. 부동산은 2020년 기준 2억 1,550만 원 이하이며, 자동차는 2,797만 원 이하여야 한다.

알쓸다잡 부동산 잡학사전

◇◇◇

3기 신도시를 준비하자

3기 신도시는 주택시장 안정을 위해 계획한 대규모 택지지구로, 남양주 왕숙신도시·하남 교산신도시·인천 계양신도시·고양 창릉신도시·부천 대장신도시·광명 시흥 신도시 6곳이 지정되었다. 2018년 12월 19일 국토교통부에서 발표한 '2차 수도권 주택 공급 계획 및 수도권 광역교통망 개선 방안'에 따라 경기도 남양주시 왕숙·하남시 교산·인천광역시 계양구 계양테크노밸리·과천시 과천 4곳이 100만m^2 이상 대규모 택지지구로 지정되었다. 서울 경계로부터 약 2km 떨어진 지역 이외에도 100만m^2 이하 6곳, 10만m^2 이하 31곳도 함께 발표되었으며 이와 함께 투기 방지 방안, 원주민 재정착률 제고 방안, 수도권 광역교통망 개선 방안 또한 같이 발표되었다.

이후 2019년 5월 7일, 국토교통부는 경기도 고양시 창릉·부천시 대장 2곳을 추가하여 3기 신도시로 선정했다. 또한 안산 장상·용인 구성역·안산 신길2·수원 당수2 등 26곳에 중소규모 택지지구를 짓기로 결정했다. 2021년 2월 24일에는 6번째 신도시로 광명 시흥을 지정, 부산 대저와 광주 산정 등 2개의 지방 중규모 공공택지도 확정했다.

3기 신도시 교통 대책

4개 신도시를 대상으로는 BRT(간선급행버스체계) 신설, 서울 지하철 8호선 별내선과 서울 지하철 3호선의 연장 및 역 신설, 도로 확장 및 신설 등 다양한 대책이 포함되었다.

또한 4개 신도시 외에도 수도권 전체의 광역교통망 개선 대책도 함께 발표되었다. '수도권 광역교통망 개선 방안'은 '급행-간선 중심의 중추망(Backbone Frame) 조기 착공'과 '교통 인프라 취약 지역 인프라 공급 확대' 두 가지를 기조로 삼고 있으며, GTX 및 신안산선의 조속한 추진, 신분당선의 광교-호매실 연장, 일산선의 운정신도시 연장, 서울 지하철 7호선의 양주신도시 연장, 위례트램 착공 등이 구체적인 방안에 포함되었다.

3기 신도시 지역

구분	위치	면적	호수	사업시행자
남양주 왕숙	남양주시 진접읍 · 진건읍, 양정동 일원	1,134만m²(343만 평) *왕숙1: 269만m², 왕숙2: 74만 평	6만 6천 호 *왕숙1: 5만 3천 호, 왕숙2: 1만 3천 호	한국토지주택공사, 남양주도시공사
하남 교산	하남시 천현동, 교산동, 춘궁동, 상 · 하사창동 등 일원	649만m² (196만 평)	3만 2천 호	한국토지주택공사, 경기주택도시공사
인천 계양	인천광역시 계양구 귤현동, 동양동, 박촌동, 병방동, 상야동 일원	약 335만m² (101만 평)	1만 7천 호	한국토지주택공사, 인천도시공사
고양 창릉	고양시 창릉동, 용두동, 화전동 일원	813만m² (246만 평)	3만 8천 호	한국토지주택공사, 고양도시관리공사
부천 대장	부천시 대장동, 오정동, 원종동 일원	343만m² (104만 평)	2만 호	한국토지주택공사, 부천도시공사
광명 시흥	광명시 광명동, 옥길동, 노온사동, 가학동/시흥시 과림동, 무지내동, 금이동 일원	1,271m² (384만 평)	7만 호	

3기 신도시 이외 지역

구분	위치	면적	호수	사업시행자
과천 과천지구	과천시 과천동, 주암동, 막계동 일원	155만m² (47만 평)	7천 호	한국토지주택공사, 과천시, 경기주택도시공사
안산 장상지구	안산시 장상동, 장하동, 수암동, 부곡동, 양상동 일원	221만m² (67만 평)	1만 3천 호	한국토지주택공사, 경기주택도시공사, 안산도시공사
용인 구성역	용인시 보정동 일원	276만m²	1만 1천 호	경기주택도시공사, 용인도시공사 등
안산 신길2 지구	안산시 신길동 일원	75만m²	7천 호	한국토지주택공사, 안산도시공사
수원 당수2 지구	수원시 당수동 일원	69만m²	5천 호	한국토지주택공사

사전청약 조건

무주택세대 구성원 및 입주자저축 가입	신청자, 배우자, 신청자 및 배우자의 세대별 주민등록에 등재된 신청자의 직계존속 및 직계비속 등 전원 무주택이어야 함 주택청약 종합저축(청약저축 포함) 가입자가 대상
거주 요건	사전청약 당시 해당 지역(기초지자체, 수도권)에 거주 중이면 신청할 수 있으나, 본청약 시점까지 거주 기간 요건*을 충족해야 함 *거주 기간 요건: 서울, 경기 등 투기과열지구는 2년 이상 거주, 그 외 1년 등
지역우선 공급 비율	66만m² 미만 택지지구: 당해 지역에 100% 우선공급 66만m² 이상 택지지구: *주택건설지역이 서울 · 인천인 경우 서울 · 인천 50%, 수도권 50%, *주택건설지역이 경기인 경우 해당 주택건설지역 30%, 경기 20%, 수도권 50% 공급
소득 · 자산 요건 및 기타 사항	해당 지역에 거주하는 무주택세대 구성원으로 입주자저축에 가입한 자. 단, 60m²이하 주택청약 시 소득 및 자산 요건 만족 필요 *1순위: 수도권 기준, 입주자저축 가입 1년 경과 /12회 납부한 자. 단, 투기과열지구 및 청약과열지역은 입주자저축 2년 경과 /24회 납부한 자, 세대주, 5년 내 당첨 사실이 없어야 함 *2순위: 1순위에 해당되지 않는 자(입주자저축 가입 필수)

3기 신도시 특별공급 입주 자격 및 당첨자 선정

구분		내용
신혼부부 특별공급 (건설량의 30%)	입주 자격	혼인 기간 7년 이내 신혼부부, 예비 신혼부부(입주 전까지 혼인 사실을 증명), 6세 이하 자녀(태아 포함)를 둔 한부모가족 소득 기준 100% 이하(맞벌이인 경우 120%) 입주자저축 가입 기간 6개월, 납입 횟수 6회 이상 인정 부동산(215,500천 원 이하), 자동차(차량 최고가액이 27,640천 원 이하)
	당첨자 선정	1순위: 혼인기간 중 출산하여 자녀가 있는 신혼부부 및 한부모가족 2순위: 그 외 신혼부부 및 예비 신혼부부 · 순위 경쟁 시 가점의 다득점 순 → 추첨
생애최초 특별공급 (건설량의 25%)	입주 자격	생애최초 주택 구입 무주택세대 구성원(세대에 속한 모든 자가 과거 주택 소유 사실이 없을 것)으로서 다음의 자격을 갖춘 자 입주자저축 1순위, 저축액이 선납금 포함 600만 원 이상인 자 · 투기과열지구 및 청약과열지역은 통장 2년 경과/24회 납부, 세대주, 5년 내 당첨 사실 없을 경우 혼인 중이거나 자녀(동일한 주민등록등본상 미혼 자녀에 한함)가 있는 자 근로자 또는 자영업자로서 5년 이상 소득세를 납부한 자 부동산 215,500천 원 이하, 자동차 차량가액이 27,640천 원 이하인 자 소득 기준 100% 이하인 자
	당첨자 선정	경쟁이 있을 시 추첨

Chapter 5

실전 부동산 프로젝트를 위한 지침

10%
5%

좋은 매물 고르는 팁

– 부동산 공인중개사가 알려주는 노하우 1

처음 부동산을 살 때 온전히 모은 돈만 가지고 구매하기란 쉬운 일이 아니다. 그래서 대출을 받으면 매달 이자 지출을 감당해야 하고, 현재 내가 가진 대부분의 재산도 부동산에 쏟아붓게 되니 결국 부동산 내 미래까지 담보하는 것 같아 두려울 수밖에 없다. 거래 경험이 없다 보니 잘하는 것인지 아닌지 불안한 마음도 든다.

부동산을 소유함으로써 안락한 생활 공간을 보장받고 안정감을 얻고, 동시에 가치가 상승해 부를 이루길 모두가 바란다. 하지만 내가 가진 예산에서 원하는 모든 조건을 갖춘 매물이 나타나길 바라는 것은 욕심이다. 부동산을 보러 다니면 만족감보다는 실망감을 느낀다. 또 내가 가진 돈의 가치가 이 정도밖에 되지 않다는 잔혹한 현실을 실감하기도 한다. 그럼에도 내가 가진 예산 내에서 최대한 좋은 매물을 찾고 싶다면 어떻게 해야 할까?

1. 우선 순위를 정한다

좋은 매물에 대한 절대적인 기준은 분명하다. 가격은 싼데 연식이 오래되지 않았으며, 내외부가 깨끗하고 하자가 없으며, 조망이 좋고 일조가

보장되며, 인근 편의시설이나 학군이 잘 갖춰져 있으며 심지어 역세권, 게다가 계속해서 집값이 오르고 있어야 한다.

애초에 이런 매물은 '유니콘'일 수밖에 없다. 그런 매물은 결코 가격이 싸지 않다. 누가 봐도 좋은 매물은 비싸다. 부동산을 구매할 때 좋은 매물을 알아보는 눈을 갖출 필요는 있지만 내 예산에서 가능한 매물이 어느 정도인지 객관적으로 파악해야 한다. 부동산을 사기로 마음먹었으니 자신이 원하는 매물이 눈앞에 나타나줄 거라는 핑크빛 환상을 가져서는 안 된다.

원하는 조건을 만족시키기에 예산은 늘 부족하다. 그렇기에 최선의 선택을 하기 위해서는 부동산을 통해 얻고자 하는 우선 순위부터 세워야 한다. 생활 방식과 가족 구성원, 부동산의 구매 목적에 따라 우선적으로 고려해야 할 조건이 각자 다를 것이다. 어떤 조건을 반드시 갖추고 있어야 하는지, 어떤 조건은 포기하거나 감수할 수 있는지 정해두어야 매물의 비교 분석이 가능해진다.

2. 시세와 실거래 현황을 파악한다

부동산의 가격은 규격화되어 있지 않기에 비슷한 조건의 매물을 조금이라도 더 저렴한 가격으로 구매할 수 있다면 좋은 매물이라고 판단할 수 있다. 우리는 종종 시세보다 비싸게 사는 것은 아닐까 걱정한다. 그런 걱정은 조금의 노력만으로 해소가 가능하다. 과거에는 중개사가 주는 정보에만 의존했다면 2006년부터 실거래 신고제도가 도입되면서 투명하게 매매가격을 볼 수 있어서다. 국토교통부 실거래가 공개시스템을 통해 실거래가 파악이 가능하다. 부동산을 구매하고자 하는 지역의 실거래 현황을 파악하고 있으면 시세 파악이 되기 때문에 중개사가 소개하는 매물의 가치 판단을 하는 데 도움이 된다.

최근 거래 내역이 없는 곳이나 부동산 가격이 급상승하는 시장에서는 실거래 신고가와 호가의 차이가 존재하기에 인근에 위치한 중개사를 통해서 현장의 정보를 얻는 것도 중요하다.

3. 발품을 판다

요즘은 온라인상으로 부동산 매물에 대한 정보를 쉽게 얻을 수 있다. 특히 아파트나 오피스텔이라면 당장 거래가 가능한 매물을 파악하는 것이 어렵지 않다. 하지만 온라인 쇼핑처럼 가만히 앉아서 집을 살 수는 없다. 동일한 아파트의 매물이라 하더라도 단지의 위치, 층별, 임차인 거주 여부에 따라 집 상태가 확연히 다를 수 있기 때문이다. 매물 광고에 올라온 사진이나 VR 서비스만으로 집 상태를 세세하게 확인하기도 어렵다. 직접 매물을 꼼꼼하게 확인하고 주변 환경도 살펴보아야 한다. 중개업소를 방문하고 매물을 보러 다니는 일을 귀찮아해서는 안 된다. 발품을 판 만큼 좋은 매물을 구할 수 있다는 것이 부동산계의 진리다.

중개사를 내 편으로 만드는 방법

- 부동산 공인중개사가 알려주는 노하우 2

부동산을 매수하는 입장이 되면 중개사가 매도인 편이라고 생각하는 경우가 많다. 서로 끈끈한 관계가 형성되어 있을 거라고 추측한다. 오랜 고객이라면 그럴 수도 있지만 매도 측 역시 일회적으로 중개사에게 중개를 의뢰하는 경우가 많다. 오히려 매도인 입장에서는 중개사가 매물을 하나라도 더 팔기 위해 매수 편에서 매물 가격을 낮춰서 거래를 성사시키려 한다고 오해한다.

이런 추측과 오해 속에서도 치우침 없이 중개하려고 애쓰는 게 중개사의 일이다. 단순하게 생각하면 부동산을 사고 파는 행위이지만 세상사 모든 일은 사람의 마음부터 움직였을 때 좋은 결과를 가져올 수 있다. 그러므로 거래하게 될 중개사를 잘 활용하면 좋은 매물을 얻고 만족할 만한 계약을 할 수 있다.

1. 좋은 매물을 소개할 수 있는 준비 시간을 주자

부동산 중개를 하다 보면 "근처에 와 있는데 30분 뒤에 매물을 보러 갈 테니 안내해달라"는 연락을 받을 때가 있다. 주거용 부동산의 경우, 신축 건물이 아니라면 대한민국의 부동산은 대부분 집주인이 살고 있거나 임차인이 살고 있는 상태에서 부동산 거래가 이뤄진다. 공실 상태에서 거래가 되는 경우가 거의 없다. 매수하려는 사람의 일정만으로 집을 안내하기는 어렵다는 말이다. 이런 전화를 받고 다급하게 약속을 잡으려고 하면 불가능할 때도 많고, 중개사가 꼭 소개하고 싶은 좋은 매물을 보여주지 못할 수도 있다.

중개사의 일은 집 안내만 있는 것이 아니다. 매물을 보려고 전화를 했을 때 다른 고객과 상담 중이거나, 계약 중이거나, 잔금을 치르고 있을 수도 있다. 매수를 목적으로 상담받거나 안내받으려면 사전에 미리 방문 예약을 하는 것이 좋다.

부동산을 사려는 사람은 집을 사려고 마음먹었으니 자신이 원하는 매물이 준비되어 있을 거라고 생각하기 쉽다. 부동산 거래가 그렇게 마트에서 물건을 사듯 손쉬운 것이라면 이런 안내서도 출간되지 않을 것이다. 매물 안내는 여러 사람의 일정을 맞춰야 가능한 일임을 이해하고 중개사가 약속을 잡을 수 있도록 준비 시간을 주어야 한다.

2. 약속은 반드시 지키자

중개사는 한 건의 계약을 성사시키기 위해서 매물 안내 시에도 매수 고객이 마음에 들어 할 만한 물건을 소개하기 위해 노력한다. 고객은 딱 하나의 매물만 보러 오는 것은 아니기 때문에 여러 매물을 연쇄적으로 안내할 수 있도록 약속을 잡아둔다. 이렇게 일정을 조율하는 게 결코 쉬운 일이 아니다. 그런데 안내 당일 갑자기 사정이 생겼다고 말하거나 아예 연락도 받지 않고 나타나지 않는 경우가 있다. 이런 행동을 하는 사람이 생각보다 많다.

살면서 불가피하고 급작스러운 일은 일어나기 마련이지만 좋은 매물을 구하고 싶은 마음이라면 약속 하나도 신중하게 잡고, 그렇게 잡은 약속은 반드시 지키도록 해야 한다. 공인중개사도 사람이기 때문에 약속 시간을 잘 지키는 고객에게는 우선 호감을 느끼기 마련이다. 이 약속은 단지 중개사와의 약속에 국한되지 않는다. 내가 매수할 집의 매도인과의 첫 단추이기도 하다. 10분 정도 늦는 건 이해해주겠지 싶겠지만 집을 보여준 뒤 다음 일정이 있는 매도인이라면 시간 약속을 지키지 않는 것을 불쾌하게 생각할 수도 있다. 집을 보는 것부터 거래의 첫 시작이라고 생각하고 좋은 인상을 남기는 것이 중요하다.

게다가 일하는 사람에게 시간은 곧 효율성과 직결된다. 다른 사람의 일을 존중할 줄 아는 태도를 가진 고객에게 당연히 더 좋은 매물을 소개하고 싶은 게 사람 마음이지 않을까?

3. 신뢰를 형성하자

어느 업종이든지 일을 잘하는 사람과 못하는 사람, 신뢰할 수 있는 사람과 그렇지 못한 사람이 있다. 중개업도 마찬가지다. 이전의 불쾌했던 경험을 가지고 새로 만나게 될 중개사도 믿을 만하지 못하다고 생각을 한다면 신뢰 관계를 맺는 것이 불가능하다. 의구심과 경계심을 풀자. 자신을 전적으로 믿고 일을 맡겨주는 사람에게는 그 믿음에 보답하기 위해 더 열심히 임하게 되는 게 사람의 심리다.

여러 부동산 투자 관련 서적에서 매수인인 척 매도가를 물어보고, 매도인인 척 매수가를 알아보라는 잘못된 정보를 마치 대단한 비법인 양 전수한다. 경력이 있고 눈치 빠른 중개사는 상담하며 몇 가지 질문만

던져보고도 매수자인지 매도자인지 구분한다. 그런 식으로 떠본다고 매물 가격이 달라지지 않으니 솔직하게 매수 희망 가격과 준비된 예산을 터놓고 이야기하자. 그래야 오히려 중개사가 조건에 맞는 매물을 찾아보려는 의지를 갖게 만들 수 있다.

중개업소가 여러 개 모여 있는 지역은 경쟁이 치열하다. 방금 실컷 상담받고 돌아선 고객이 문을 나서면 다른 중개사무소에 들어가 또 다른 건 없나 살펴본다는 걸 중개사도 잘 안다. 고객의 입장에서는 이왕 매물을 보러 왔으니 여러 군데 다 둘러보면 더 싸고 좋은 매물이 있을 거라고 생각한다. "발품을 팔라고 했으니 그렇게 돌아보라는 것 아니냐?"고 반문하겠지만 발품을 판다는 건 현장에 직접 방문해서 좋은 매물을 가려낼 수 있는 안목을 기르라는 것이다.

인근의 중개사무소끼리는 서로 매물을 공유하는 경우가 많으니 방문한 중개사무소에서 받은 상담 내용이 신뢰가 가고 나랑 결이 맞는다 싶으면 한 곳에 매수 의뢰를 하는 것이 좋다. 중개사는 드나드는 손님이 많고 인근에는 수많은 부동산이 있는데 다른 곳이 아니라 이곳을 통해 거래할 거라는 확신이 드는 고객에게 집중하게 된다. 처음 방문한 사무소가 전문성도 없어 보이고 불친절하고 믿음직스럽지 않으면 상담을 끝내고 나오면 그만이다. 방문했으면 그곳에 의뢰해야 한다는 것이 아니다. 상담을 잘 받고 매물도 안내받기로 약속을 했으면 그 중개사와 연을 맺었다고 생각하고 의리를 지킬 때 중개사도 힘을 내서 최선을 다하게 된다. 그 최선을 이끌어내는 것도 현명한 고객의 기술이다.

4. 급매를 잡고 싶다면 얼굴 도장을 자주 찍는다

시세보다 훨씬 저렴한 가격으로 나온 급매물을 살 수 있는 사람은 급매를 찾는 사람이 아니라 급매를 살 준비가 되어 있는 사람이다. "급매물이 나왔습니다"라는 중개사의 연락에 고민하지 않고 바로 계약금을 쏠 준비가 되어 있는 사람이 급매를 잡을 수 있다.

급매물이 뜨면 중개사마다 준비된 고객에게 전화하기 시작한다. 다들 급매를 잡고 싶다고 하지만 막상 급매가 나오면 그때부터 다시 살까 말까 고민한다. 각 중개사무소마다 치열하게 대기 고객에게 연락을 하니 급매는 신속하게 결정을 내리고 행동으로 옮기는 사람이 차지하게 된다. 급매는 고민할 시간이 없는 매물이라고 생각하면 된다.

중개사 입장에서 좋은 매물이 나오면 방금 방문해서 상담받고 간 손님이 가장 먼저 떠오른다. 사고자 하는 의지가 강한 순서부터 인상에 남기 때문이다. 급매를 잡고 싶다면 생판 모르는 부동산보다는 거래를 한 적이 있는 부동산, 타 지역의 부동산이라면 발품을 팔러 갔다가 상담을 받은 적이 있는 부동산을 공략해서 종종 연락하거나 방문하는 게 좋다. 또 매수할 의지가 있다는 걸 강력하게 어필해야 한다. 급매를 잡기 위해 계약금 정도는 마련해둔 상태이고 언제든지 이체할 수 있으며 중개사의 전화는 무슨 일이 있어도 꼭 받겠다는 의지가 있어야 한다.

5. 중개 보수 역시 매수에 필요한 비용이다

중개사를 통해 좋은 거래를 하고 좋은 매물을 찾았다면 중개 보수를 아까워해서는 안 된다. 싸게 살 수 있게 도와주었으니 중개 보수를 더 받겠다는 것도 아니고 법정 요율대로 거래를 하자는 것이다. 법정 요율로 책정된 중개 보수에는 부가가치세가 별도로 부과된다. 중개업소가 일반 과세자인지 간이 과세자인지에 따라 부가가치세가 3%이거나 10%로 차이가 있다. 일을 잘하는 중개업소는 일반 과세일 경우가 많으니 부가가치세는 10%가 붙는다는 걸 염두에 둔다. 부동산을 매수할 때는 매수할 부동산의 가격뿐만 아니라 기타 다른 세금과 비용까지 포함해서 매수 예산을 세워야 한다.

부동산 꿀팁

부동산 중개수수료 소득공제를 받자

부동산 중개수수료도 현금영수증을 발급받아 소득공제를 받을 수 있다. 공인중개사에게 현금영수증 발급을 요구할 경우, 부가가치세(10%)를 별도로 지급하라는 경우가 있다. 이 경우에는 해당 중개업소가 '간이과세자'인지 '일반과세자'인지 확인하면 된다. 일반과세자라면 부가가치세(10%)를 지급해야 하고, 간이과세자라도 연 매출이 2,400만 원 이상이라면 부가가치세 3%를 납부하도록 되어 있어, 3%의 부가가치세를 요구할 수 있다. 해당 중개업소가 간이과세자인지 일반과세자인지 궁금하다면 국세청 홈택스에서 사업자등록번호를 검색하면 된다.

만약 공인중개사가 현금영수증 발급을 거절할 경우 국세청으로 신고하면 된다. 공인중개사가 활동하는 부동산중개업은 현금영수증 의무 발급 업종이기 때문에, 현금영수증 발급을 거부할 시 최고 6개월의 영업 정지 처분을 받을 수 있다. 또한 10만 원 이상의 현금 거래는 소비자의 요구가 없어도 현금영수증을 발급해야 하기 때문에, 이를 위반 시 미발급 거래대금의 50%에 해당하는 과태료과 부과된다.

알쓸다잡 부동산 잡학사전

중개수수료를 미리 계산해두자

전월세 및 매매거래 시 부동산중개업소를 통해 진행하는 것이 좋다. 이때는 중개업자에게 중개수수료를 지급해야 한다. 법으로 정해진 중개수수료가 있지만 간혹 과도하게 수수료를 요구하거나 혹은 모르고 수수료를 잘못 지불하는 경우가 생기기도 한다. 부동산 거래 당일에는 계약서 작성에 신경을 쓰느라 중개수수료에 대해 충분히 검토할 시간이 없을 수 있으니 미리 대략적인 중개수수료를 계산해두는 것이 좋다. 지자체별로 부동산 중개수수료가 다르니 지역에 맞게 알아두자.

주택 중개 수수료율(부가가치세 별도)

거래 내용	거래 금액	상한요율	한도액
임대차 (월세 · 전세)	5천만 원 미만	1천분의 5	20만 원
	5천만 원 이상~1억 원 미만	1천분의 4	30만 원
	2억 원 이상~3억 원 미만	1천분의 3	
	3억 원 이상~6억 원 미만	1천분의 4	
	6억 원 이상	1천분의 8 이내 협의	
매매 · 교환	5천만 원 미만	1천분의 6	25만 원
	5천만 원 이상~2억 원 미만	1천분의 5	80만 원
	2억 원 이상~6억 원 미만	1천분의 4	
	6억 원 이상~9억 원 미만	1천분의 5	
	9억 원 이상	1천분의 9 이내 협의	

비고	1. 중개보수의 한도는 거래 금액에 상한요율을 곱한 금액으로 하되, 그 금액이 한도액보다 큰 경우에는 한도액으로 한다. 2. 거래 금액이 9억 원 이상인 주택의 매매 · 교환 및 6억 원 이상인 주택의 임대차 등의 중개에 대하여는 다음 각 목의 규정에 따른다. 가. 중개보수는 다음의 구분에 따른 요율의 범위 안에서 중개계약으로 정하는 금액으로 할 것 ①9억 원 이상인 매매 · 교환인 경우: 거래 금액의 1천분의 9 이하 ②6억 원 이상인 임대차 등인 경우: 거래 금액의 1천분의 8 이하 나. 개업 공인중개사는 가목의 규정에 의한 상한요율의 범위 안에서 실제 받고자 하는 중개보수의 상한요율을 법 시행규칙 제10조 제2호의 규정에 의한 중개보수 · 실비의 요율 및 한도액 표에 명시하여 이를 게시할 것

주거용 오피스텔 중개 수수료율(부가가치세 별도)

구분	상한요율
임대차(월세 · 전세)	0.4%
매매 · 교환	0.5%
적용대상	전용면적 85m² 이하 오피스텔로서 상하수도 시설이 갖춰진 전용 입식부엌, 전용 수세식화장실 및 목욕시설을 갖춘 경우(실제 사용 용도가 업무용이 명확한 경우는 적용 제외)

중개수수료 실비의 한도

구분	산출 내역
중개대상물의 권리 관계 등 확인에 소요되는 실비	가. 제 증명서·공부의 발급·열람 수수료 나. 교통비·숙박비 등의 여비 다. 제 증명서·공부의 발급·열람 대행비 = 발급·열람 건당 1천 원
계약금 등 반환채무이행 보장에 소요되는 실비	가. 계약금 등 금융기관의 예치 수수료 나. 계약금 등 반환의 보증을 위한 보험·공제가입비 다. 제 증명서·공부의 발급·열람 수수료 라. 교통비·숙박비 등 여비

부동산 매매계약서 작성하는 팁

- 부동산 공인중개사가 알려주는 실전 전략 1

중개사무소를 통해서 부동산 매매를 한 경우에는 중개사가 처리해주기 때문에 계약서 내용만 잘 확인하면 된다. 하지만 특약 사항, 잔금 지급 등 구체적으로 조율하고 확인할 부분들이 있기 때문에 전체적인 매매계약서 작성 과정에 대한 이해가 필요하다.

등기사항증명서와 건축물대장 대조 확인

우선 계약하는 부동산의 표시가 정확한지 확인해야 한다. 매매하고자 하는 부동산의 정확한 주소와 구조, 용도, 지목, 대지권, 면적이 계약서에 기입된다. 이 내용이 등기사항증명서와 건축물대장에 나와 있는 내용과 동일한지 대조 확인하면 된다.

계약 내용도 사전에 협의한 내용이 맞는지 확인해야 한다. 매매 매금의 계약금과 중도금, 잔금을 각각 얼마 지불하고, 언제 지급하고, 어떻게 납부할 것인지, 협의한 내용대로 계약서에 기입되어 있는지 정확하게 확인해야 한다. 여기까지의 내용은 부동산중개 공인중개사가 꼼꼼하게 준비해서 작성하기 때문에 계약 당사자는 계약 당일 확인 차원에서 검토만 하면 된다.

특약 사항 확인

부동산 매매계약서 작성 시에 가장 중요한 것은 특약 사항이다. 계약을 하고 난 뒤 잔금일까지 발생할 수 있는 변수나 부동산 중개 사고를 예방하기 위한 조치를 특약 사항으로 기재한다. 계약 당사자 상호 간의 합의한 내용이 기재되므로 특약 사항의 내용은 강행 규정을 위반한 내용만 아니면 법적 효력이 있다. 특약 사항은 소모적인 분쟁을 줄여줄 수 있다. 그렇기에 신중하게 작성해야 하고 해당 계약에 필요한 특약이 무엇일지 고민해야 한다.

자주 일어나는 분쟁 상황에 대해서 중개사는 누구보다 잘 인지하고 있기 때문에 부동산 매매계약 시 필요한 특약 사항을 챙겨서 기입한다. 하지만 중개사마다 계약서 쓰는 방식이 각양각색이고, 꼼꼼함의 정도도 차이가 있기 때문에 거래 당사자가 해당 매매거래에 필요한 특약을 고민해보는 것이 좋다. 각각의 매매거래마다 다양한 사례가 존재하기 마련이므로 그에 맞는 특약을 준비해서 계약일 전에 중개사에게 그 내용을 전달한다. 계약일 전에 전달하는 이유는 특약 역시 상호 협의를 해서 기입하기에 내가 원한다고 해서 다 넣을 수 있는 것은 아니기 때문이다. 계약 당사자 간에 협의를 통해 특약 내용은 수정되거나 보완될 수 있다는 것을 인지해야 한다.

특약 사항 주요 내용

■ 계약 위약금: 통상적으로 사용하는 계약서에 위약금에 대한 내용이 나오지만, 특약을 통해 위약금 금액을 조정해서 계약 파기의 강제력을 강화할 수 있다.

■ 에어컨, 가구, 수납장 등 집기와 관련된 사항: 기존에 설치되어 있

는 에어컨이나 붙박이장에 대해서 놔두고 갈지, 치워줄 것인지, 아니면 추가 설치를 해줄 것인지 하는 내용을 특약 사항에 기재해두면 구두 상으로 협의했다 말을 바꿨을 때 일어날 분쟁을 해소할 수 있다.

■ 하자 담보 책임: 신축의 경우는 문제가 되지 않는데 구축 주택이나 빌라의 경우 하자에 대한 담보 책임에 대한 특약을 상세하게 기입하는 것이 좋다. 물론 민법상 하자담보책임에 대한 기간이 명시되어 있지만 일반적으로 하자담보 범위에 들어가지 않는 보일러 고장에 대한 수리비 부담 같은 것들을 특약 사항으로 약정할 수 있다.

인적 사항 확인

다음으로 확인해야 하는 것이 인적 사항이다. 중개사가 계약서에 기입해둔 주소, 주민등록번호, 연락처, 이름이 본인의 것과 동일한지 확인해야 한다. 주소는 현재 거주하고 있는 주소를 기입하도록 한다. 중개사의 실수로 주소가 잘못 기입되는 경우도 있으므로(주민등록증상 주소 기입 내역의 숫자 크기가 작다 보니) 잘 확인하도록 하자. 계약서 작성 당일 중개사무소에서 기입을 하지 않고 계약서를 미리 작성해두기 위해서 중개사가 인적 사항을 미리 요청할 때도 있으니, 사전 전달 시 정확하게 기입해서 보내도록 한다.

계약서 내용을 확인하고 난 뒤에는 서명과 날인을 한다. 매도와 매수가 동일한 부동산에서 계약한다면 서명과 날인할 계약서는 3부가 되고, 매도와 매수가 의뢰받은 부동산이 각기 다를 경우 '공동 중개'라고 해서 계약서 4부에 서명 날인을 하게 된다. 매매거래 시에 날인 도장은 인감도장을 준비, 위조 방지를 위해 계약서에는 간인을 한다.

부 동 산 매 매 계 약 서

매도인과 매수인 쌍방은 아래 표시 부동산에 관하여 다음 계약 내용과 같이 매매계약을 체결한다.
1.부동산의 표시

소 재 지						
토 지	지 목		대지권		면 적	㎡
건 물	구조·용도		면 적			㎡

2. 계약내용
제 1 조 (목적) 위 부동산의 매매에 대하여 매도인과 매수인은 합의에 의하여 매매대금을 아래와 같이 지불하기로 한다.

매매대금	금 원정(W)
계 약 금	금 원정은 계약시에 지불하고 영수함. 영수자(㉞)
융 자 금	금 원정(은행)을 승계키로 한다. | **임대보증금** | 총 원정 을 승계키로 한다.
중 도 금	금 원정은 년 월 일에 지불하며
	금 원정은 년 월 일에 지불한다.
잔 금	금 원정은 년 월 일에 지불한다.

제 2 조 **(소유권 이전 등)** 매도인은 매매대금의 잔금 수령과 동시에 매수인에게 소유권이전등기에 필요한 모든 서류를 교부하고 등기 절차에 협력하며, 위 부동산의 인도일은 ________년______월______일로 한다.
제 3 조 **(제한물권 등의 소멸)** 매도인은 위의 부동산에 설정된 저당권, 지상권, 임차권 등 소유권의 행사를 제한하는 사유가 있거나, 제세공과 기타 부담금의 미납금 등이 있을 때에는 잔금 수수일까지 그 권리의 하자 및 부담 등을 제거하여 완전한 소유권을 매수인에게 이전한다. 다만, 승계하기로 합의하는 권리 및 금액은 그러하지 아니하다.
제 4 조 **(지방세 등)** 위 부동산에 관하여 발생한 수익의 귀속과 제세공과금 등의 부담은 위 부동산의 인도일을 기준으로 하되, 지방세의 납부의무 및 납부책임은 지방세법의 규정에 의한다.
제 5 조 **(계약의 해제)** 매수인이 매도인에게 중도금(중도금이 없을때에는 잔금)을 지불하기 전까지 매도인은 계약금의 배액을 상환하고, 매수인은 계약금을 포기하고 본 계약을 해제할 수 있다.
제 6 조 **(채무불이행과 손해배상)** 매도인 또는 매수인이 본 계약상의 내용에 대하여 불이행이 있을 경우 그 상대방은 불이행한자에 대하여 서면으로 최고하고 계약을 해제할 수 있다. 그리고 계약당사자는 계약해제에 따른 손해배상을 각각 상대방에게 청구할 수 있으며, 손해배상에 대하여 별도의 약정이 없는 한 계약금을 손해배상의 기준으로 본다.
제 7 조 **(중개수수료)** 중개업자는 매도인 또는 매수인의 본 계약 불이행에 대하여 책임을 지지 않는다. 또한, 중개수수료는 본 계약체결과 동시에 계약 당사자 쌍방이 각각 지불하며, 중개업자의 고의나 과실없이 본 계약이 무효·취소 또는 해제되어도 중개수수료는 지급한다. 공동 중개인 경우에 매도인과 매수인은 자신이 중개 의뢰한 중개업자에게 각각 중개수수료를 지급한다.(중개수수료는 거래가액의 _________%로 한다.)
제 8 조 **(중개수수료 외)** 매도인 또는 매수인이 본 계약 이외의 업무를 의뢰한 경우 이에 관한 보수는 중개수수료와는 별도로 지급하며 그 금액은 합의에 의한다.
제 9 조 **(중개대상물확인·설명서 교부 등)** 중개업자는 중개대상물 확인·설명서를 작성하고 업무보증관계증서(공제증서 등) 사본을 첨부하여 계약체결과 동시에 거래당사자 쌍방에게 교부한다.

특약사항 ....

본 계약을 증명하기 위하여 계약 당사자가 이의 없음을 확인하고 각각 서명·날인 후 매도인, 매수인 및 중개업자는 매장마다 간인하여야 하며, 각각 1통씩 보관한다.
년 월 일

매도인	주 소						
	주민등록번호		전 화		성 명		㉞
	대 리 인	주 소	주민등록번호		성 명		
매수인	주 소						
	주민등록번호		전 화		성 명		㉞
	대 리 인	주 소	주민등록번호		성 명		
중개업자	사무소소재지		사무소소재지				
	사 무 소 명 칭		사 무 소 명 칭				
	대 표	서명및날인 ㉞	대 표	서명및날인 ㉞			
	등 록 번 호	전화	등 록 번 호	전화			
	소속공인중개사	서명및날인 ㉞	소속공인중개사	서명및날인 ㉞			

▲부동산매매계약서 양식

알쓸다잡 부동산 잡학사전

◇◇◇

집 사기 전 꼭 확인해야 할 서류 3종

1. 부동산종합증명서

2014년도부터 토지대장, 건축물대장 등 15종, 2016년부터는 18종의 부동산 관련 증명서를 통합해 부동산종합증명서를 만들었다. 과거에는 은행 대출을 위해 발급받아야 할 서류가 너무 많아 발급 수수료 비용 부담이 컸다. 또 부동산 증명서 간에 입력 자료가 일치하지 않거나 오류로 인한 재산권 침해 사례도 번번히 발생했다. 하지만 이제는 부동산종합증명서면 모든 것이 해결된다.

부동산종합증명서는 부동산 형태(토지, 토지·건축물, 토지·집합건물)에 따라 부동산 정보를 종합해 발급받을 수 있는 '종합형'과, 필요한 정보를 선택해 발급받을 수 있는 '맞춤형'으로 구분된다. 발급은 군청 종합민원실 또는 가까운 읍·면·동 주민센터 등 전국 어디서나 발급받을 수 있으며, '일사편리 부동산통합민원(www.kras.go.kr)' 홈페이지를 통해서도 발급받을 수 있다. 수수료는 직접 방문해 신청할 경우 종합형은 1,500원, 맞춤형은 1,000원이다. 온라인 발급시 종합형은 1,000원, 맞춤형은 800원이며 단순 열람의 경우 무료다.

부동산종합증명서로 확인할 수 있는 18종의 서류

①집합건물 등기사항전부증명서 ②건물 등기사항전부증명서 ③토지 등기사항전부증명서 ④총괄 표제부 건축물대장 ⑤일반 표제부 건축물대장 ⑥집합 표제부 건축물대장 ⑦집합 전유부 건축물대장 ⑧토지대장 ⑨임야대장 ⑩지적도

⑪ 임야도 ⑫ 토지이용계획확인원 ⑬ 개별공시지가확인서 ⑭ 개별주택가격확인서 ⑮ 공동주택가격확인서 ⑯ 공유지연명부 ⑰ 대지권등록부 ⑱ 경계점좌표등록부

2. 등기사항전부증명서

부동산 거래 시 반드시 보여주는 서류가 바로 등기사항전부증명서다. 흔히들 '등기부등본'이라고 부르며 표제부, 갑구, 을구 세 가지로 구분된다. 집에 대한 표면적인 내용, 소유권이 누구인지, 이 집을 담보로 된 대출이 있는지, 기타의 권리를 지닌 이는 없는지 등 각종 권리 사항이 등록되어 있다.

표제부 – 집에 대한 정보

'표제부'는 집에 대한 부분으로 집이 지어진 연도, 건물 명칭 및 소재지번, 집의 총 층수와 각 층의 면적, 해당 주택의 건물번호, 전용면적 등의 내역, 대지권 비율, 대지권을 등기한 날을 알 수 있다.

갑구 – 소유권 표시

'갑구'는 이 집의 소유권에 대한 부분으로 사려는 집의 주인이 누구인지를 확인할 수 있다. 공동으로 소유하면 집주인은 여러 사람이 되고 혼자 소유하면 집주인은 한 명이다. 전자의 경우 개개인 별로 이 집에 계약해도 되겠냐는 동의를 얻어야 하는 번거로움이 있다. 계약서 작성할 때는 최종 소유자(현재 소유자) 확인 후 '임대인'란에 적는 집주인 정보와 내용이 일치한지 확인해야 한다. 만약 갑구에 소유권이전금지 가처분, 환매등기, 소유권이전청구권 가등기 등의 권리가 기록되어 있다면 나중에 집을 뺏기는 경우도 생길 수 있기 때문에 거래를 해서는 안 된다.

을구 - 소유권 이외의 내용

내가 사려는 집에 빚이 얼마나 있는지 확인할 수 있는 부분이다. 집을 담보로 돈을 빌린 경우 '근저당설정'으로 표시되며, 다 갚을 경우 빨간 줄로 표시된다. 근저당설정에 대한 내용은 '권리자 및 기타 사항'란에 확인할 수 있으며 어디서 얼마 빌렸는지도 알 수 있다. 만약 빚이 보증금의 70%보다 높으면 이 계약은 진행하면 돈을 잃을 수도 있기 때문에 거래를 해서는 안 된다.

3. 건축물대장

건축물대장은 건축물에 대한 사항과 건축물 소유자에 관한 현황을 기록한 문서다. 건축물대장의 경우 등기등본보다 우선시되기 때문에 반드시 확인해야 한다. 만약 건축물대장의 내용과 등기부등본의 내용이 다르다면, 건축물대장의 내용이 법적, 행정적으로 우선시된다. 전월세 계약 시 건축물대장을 통해 정확한 집의 용도, 층과 호수 확인해야 한다. 과거에는 건축물대장에는 지하 1층으로 표기되어 있지만 등기부등본에는 1층으로 표기된 경우도 있었다. 대개 반지하가 있는 건물이거나 언덕길에 있는 건물에 해당된다. 이럴 때는 건축물대장을 기준으로 계약서를 작성해야 한다.

대부분 부동산 거래 시 등기부등본만 보여주고, 건축물대장은 지나치는 경우가 있는데 계약서 작성 시 반드시 요구하자. '정부 24' 홈페이지에서 직접 열람하거나 발급받는 것도 가능하다.

계약금, 중도금, 잔금 내는 전략

- 부동산 공인중개사가 알려주는 실전 전략 2

부동산을 구매하는 것은 민법상 전형적인 매매계약에 해당한다. 그렇기에 계약금, 중도금, 잔금을 내는 행위 자체는 각각의 법적 구속력을 갖는다.

1. 계약금

계약금은 부동산 계약 체결의 증거가 되는 금액이다. 관례 상으로 매매대금의 10% 정도를 계약금으로 지불하게 된다. 계약금이 지불됨과 동시에 매매 거래가 시작되고, 거래에 대한 책임을 지게 된다. 부동산을 매매할 때 거래 관례상 본계약에 앞서 가계약금을 지불한다. 가계약이란 정식으로 매도/매수인이 만나 계약서를 작성하는 본 계약에 앞서 매도인은 다른 사람에게 부동산을 팔지 않고 매수인은 매수 의사를 바꾸지 않겠다는 약속을 의미한다. 사실 가계약은 법률 용어는 아니고 중개실무상 상호 간의 편의를 위해 행하는 행위이다.

매물을 보고 난 뒤 마음에 든 매수인이 바로 계약을 체결하자고 하더라도 해당 매물에는 임차인이 살고 있고 매도인은 타 지역에 거주하고 있다면 당일 계약서 작성은 어려울 수밖에 없다. 매수인 역시 당장 계약할 생각은 아니었기에 계약금까지는 미처 준비를 하지 않았지만 매물을 보고 너무 마음에 들어서 이 매물을 꼭 잡아야겠다는 결심이 들었다면 계약금을 마련할 시간이 필요하다. 그렇기에 계약금의 일부를 지급하고, 향후 본 계약을 체결할 것임을 약속하는 것이 가계약이라는 절차다. 본계약은 가계약 후 일주일 이내로 하는 것이 통상적이다.

매수 계획을 세웠다면 집 안내를 받을 때 계약금의 일부는 바로 이체 가능하도록 준비한 다음 중개사무소에 방문하는 것이 좋다. 내가 마음에 드는 매물은 다른 사람도 마음에 들 것이고, 내가 안내받는 날 다른 고객도 그 집을 안내받을 수 있다. 그렇게 되면 먼저 가계약금을 매도인에게 보내는 측이 그 매물을 계약할 권리를 얻는 것이다. 매물을 잡을 때는 신속해야 한다. 느긋하게 생각하고 행동하다 좋은 매물을 놓치는 경우가 많다. 매수할 결심이 섰다면 중개사가 매도인의 계좌번호를 전달했을 때 지체하지 말고 바로 입금하는 것을 추천한다.

가계약금

가계약 시 지불한 금액을 '가계약금'이라고 부른다. 가계약은 법률적으로 유효한 용어는 아니다 보니 가계약금은 '계약금의 일부'라고 명명하는 것이 옳다. 가계약금은 본계약 시 계약금에 포함되는 금액이기에 계약금의 일부이며, 계약금의 일부이기에 가계약으로도 매매계약이 체결된 것으로 간주한다.

이 단계에서 중개사의 역할이 아주 중요하다. 가계약 당시 매매대상, 매매대금, 잔금 지급일자나 입주일자를 협의했다면 매매계약이 성립한 것으로 보는 것이 판례의 입장이다. 때문에 계약금의 일부를 지급하고 난 뒤 입금확인서에는 협의 내용을 기록으로 남겨 양측에 전달하고 확인받는 일을 중개사가 해야 한다. 이 부분을 허술하게 하는 중개사가 있다면 매수하는 입장에서는 계약서에 준하는 내용이 담긴 입금확인서를 요청할 필요가 있다.

그렇게 되면 가계약도 계약과 동일한 법적 효력이 생기기 때문에 계약해지 시 위약금이 발생하게 된다. 가계약을 해놓고 본계약 전에 마음이 변해서 '매수를 안 하겠다고 하면 가계약금은 돌려받을 수 있겠지'라고 쉽게 생각해서는 안 된다. 본계약과 마찬가지로 신중하게 고민한 뒤 최종 결정을 내려야 한다.

2. 중도금

중도금은 계약금을 제외한 매매대금 중 일부를 중간에 지불하는 돈을 의미한다. 중도금을 지불했다면 이 계약을 반드시 이행하겠다는 의미이기 때문에 어느 한쪽이 일방적으로 계약해지를 할 수 없다. 매수 입장에서는 계약하는 순간 내 집 마련의 꿈을 이룬 것 같다. 하지만 부동산 시장의 상황에 따라 이 계약이 유지가 될지 안 될지는 아무도 알 수 없다. 계약은 법적인 약속이니 계약만 하면 된다고 생각하고 안심하면 안 된다.

매매계약을 하고 난 뒤 부동산이 상승하기 시작한다면 매도인 입장에서는 계약 파기를 할 수 있다. 계약서상에도 중도금을 지급하기 전에는 계약금의 배액을 매수인에게 지급하면 일방적으로 계약 파기가 가능하다. 이것은 법적으로 보장되어 있는 행위이다. 계약금의 배액을 내줘도 손해가 아닐 만큼 부동산 가격이 폭등하는 시장에서는 이런 계약 파기가 한두 건이 발생하는 것이 아니다. 그렇기 때문에 안전하게 매매계약을 하고 싶다면 중도금은 최대한 빨리 지급해야 한다. 중도금 지급 금액은 법적으로 정해진 기준은 없으므로 상호 협의해서 결정하면 된다.

부동산 상승기에 매도인은 종종 중도금 지급을 금지하는 특약을 넣기도 한다. 현재 체결한 계약보다 매매가가 많이 오른다면 언제든지 계약을 해지하겠다는 의중이 담겨 있다. 매도인 측이 계약을 하면서 해지를 고려한다는 것이 매수인 입장에서는 불쾌할 수 있다. 하지만 이럴 경우에 매수인은 계약금을 최대한 많이 지급함으로써 본계약이 해지되지 않도록 막는 방법을 사용하면 된다.

3. 잔금

잔금은 전체 매매 금액 중 계약금과 중도금을 빼고 남은 금액이다. 매매의 최종 단계로 계약 이행의 완료를 의미한다. 요즘은 부동산 거래 시 자금조달계획서를 작성해야 하고, 증빙 서류를 제출하는 경우도 있기 때문에 상호 간의 확인 편의를 위해 현금 지급보다는 계좌이체로 대금을 지불하는 것이 통상적이다. 통장에 기재된 입출금 내역이 증빙 서류이자 영수증 역할을 해주기 때문이다.

잔금 절차를 매끄럽고 신속하게 진행하기 위해서 잔금 지불 금액이 크다면 매수인은 잔금일 이전에 은행을 방문해 이체한도를 조정해둔다. 또한 잔금뿐만 아니라 행정절차를 위한 필요서류 준비도 꼼꼼하게 해야 한다.

매수인은 잔금을 지불해야 부동산의 소유권 이전 절차 진행이 가능하다. 잔금을 받은 매도인은 해당 매물을 명도할 의무가 있다.

매수인이 잔금을 지급하지 않거나 미뤄서 잔금 단계에서 문제가 발생하기도 한다. 이때 매도인은 새로운 잔금 날짜를 지정하여 계약 이행을 촉구하는 내용 증명을 발송해야 한다. 그렇게 서면으로 최고한 뒤에도 지정한 날짜에 잔금 지급이 이뤄지지 않는다면 매도인은 계약을 해지할 수 있다. 계약이 해제되면 매매 매금은 매수인에게 돌려주고, 계약 해제로 인해 발생한 손해는 손해배상 청구를 통해 보상받게 된다.

부동산 꿀팁

해약금과 위약금을 구분하자

해약금은 계약 포기로 인한 일정 손해를 부담하면서 계약에 대한 권리를 해제하는 것이다. 매수인은 지급한 계약금을 포기하고, 매도인은 계약금의 배액을 상환한다.

위약금은 일방적인 계약 위반에 따른 손해배상액을 미리 정하는 것이다. '손해배상예정액'은 채무불이행의 경우 채무자가 채권자에게 지급할 것을 약속한 금전으로, 부당하게 과다한 경우 법원이 적당히 감액 가능하다. 위약금이 위약벌로 인정되면 손해배상을 위약금과 상관없이 별도로 청구할 수 있다. 이 경우 금액이 과해도 법원이 감액할 수 없다. 위약금은 손해배상의 예정으로 추정하므로 이를 위약벌로 추정하고 싶다면 특약이 필수다.

집 사고 꼭 해야 하는 행정 절차

- 부동산 공인중개사가 알려주는 실전 전략 3

자금조달계획서

부동산 매매계약을 체결한 뒤 가장 먼저 해야 하는 행정 절차는 부동산 거래 신고다. 2006년 1월 1일부터 시행된 이 제도는 투명한 부동산 거래 시장을 조성하기 위한 목적을 가지고 있다. 거래 당사자는 계약 체결일로부터 30일 이내 매매한 부동산 소재지의 관할 시장·군수 또는 구청장에게 공동으로 신고하거나 국토교통부 부동산거래관리시스템(rtms.molit.go.kr)을 통해 신고해야 한다.

중개사를 통해 매매계약을 한 경우에는 중개사가 신고 업무를 대행해준다. 일정 금액 이상의 부동산인 경우 매수인은 중개사에게 자금 조달·입주계획서를 제출해야 거래 신고가 가능하다. 투기과열지구에서 9억 원 이상의 부동산을 구매할 경우에는 자금조달과 관련한 증빙 서류도 함께 제출해야 한다. 기한 내에 신고하지 않았을 경우 과태료가 500만 원이므로 매수 계획을 세울 때 자금 조달에 대한 부분도 고려해서 계약서 작성 시 함께 제출할 수 있도록 준비하는 것이 좋다.

소유권 이전

부동산 매매계약을 하고 난 뒤 중도금을 치렀다면 계약이 일방적으로 해제될 일은 없다. 사실상 해당 매물의 소유자가 된 것이다. 하지만 등기상의 소유권 이전을 마쳐야 법적으로 온전하게 소유자로 인정받게 된다. 그렇기에 잔금을 지급하고 곧바로 해야 하는 행정 절차는 소유권 이전등기이다.

매도인은 매매대금의 잔금을 수령함과 동시에 매수인에게 소유권이전등기에 필요한 모든 서류를 교부하고 소유권이전등기 절차에 협력하기로 한다는 내용이 매매계약서에 기재되어 있다. 그 서류를 받아 구청과 등기소에 방문해서 소유권이전 절차를 진행해야 한다. 이 절차는 매수인 본인이 직접 할 수도 있다. 요즘에는 비용을 절감하기 위해서 셀프 등기를 하는 추세가 늘고 있다.

직접 하는 것이 번거롭고 절차를 잘 모르겠다면 법무사에게 맡기면 된다. 법무사를 통하면 잔금일에는 잔금 지급할 준비와 소유권이전등기에 필요한 서류만 준비하면 된다. 부동산 거래가 처음이라 아는 법무사가 없다면 중개사무소를 통해 소개받으면 된다. 등기 이전과 관련된 비용 및 기타 문의는 소개받은 법무사에게 문의하면 된다. 등기 관련 업무는 중개사가 아닌 법무사를 통해 진행된다.

부동산 담보 대출을 받아서 부동산을 매수할 경우에는 근저당설정등기를 하는 은행 법무사와 업무 절차상 소유권 등기를 진행해야 한다. 이 경우 셀프 등기는 할 수 없다는 것을 염두에 두자. 매도인에게 상환할 대출과 말소해야 할 근저당이 있다면 소유권이전등기 절차를 대행해주는 법무사를 통해 쉽게 정리할 수 있다.

부동산을 매수하면 취득세와 인지세 등 등기와 관련된 비용이 발생한다. 이 부분도 법무사에게 맡기면 처리해준다. 취득세의 경우 카드 결제를 선택하면 할부가 가능하다. 이때 사전에 카드 결제 한도를 늘려 놓도록 한다.

소유권이전등기 시 필요 서류

■ 매도인

①매매계약서

②등기권리증(등기필증): 분실 시 법무사가 작성한 확인 서면으로 대체 가능 (비용 발생)

③주민등록초본: 이전 주소 변경 사항 모두 다 기재된 초본

④매도용 인감증명서 1통: 매수자 인적 사항 기재 - 매매계약서 참고하여 작성, 대리가 아닌 본인이 직접 발급받은 증명서여야 함. 대출 상환 시에는 일반 인감증명서 1통 더 필요

⑤인감도장

⑥신분증

■ 매수인

①매매계약서

②주민등록등본 1통, 주민등록초본 1통

③가족관계증명서

④인감도장

⑤신분증

잔금 지급

잔금 지급 시, 약속 시간은 늦어도 오후 2시 이전으로 잡도록 한다. 잔금 진행은 빨라도 30분 정도는 소요되고, 경우에 따라 준비 서류 미비로 동사무소에 다시 방문해야 하기도 한다. 잔금 지급 후 당일 매도인의 대출 상환과 근저당설정 말소, 매수인의 소유권이전등기가 동시에 진행되어야 상호 안심할 수 있는 안전한 부동산 거래가 된다. 당일 처리를 위해 은행과 구청, 등기소 업무 시간을 고려해서 발생할 수 있는 변수에 대응할 여유 시간을 두고 약속을 잡자.

전입신고, 자동차 변경 등록

매수한 부동산에 직접 거주를 한다면 전입신고와 자동차 변경 등록도 진행해야 하는 행정 절차이다. 전입신고는 정당한 사유 없이 14일 이내 하지 않는 경우 5만 원 이하의 과태료가 부과되니 이사 당일 진행하도록 한다.

자동차 소유자가 거주지를 이전하여 자동차 사용 본거지가 변경되는 경우에는 30일 이내 변경 등록을 해야 한다. 소유자의 주민등록지가 자동차의 사용 본거지가 되므로 전입신고를 한 경우 변경 등록을 신청한 것으로 간주한다. 투자 목적으로 매수한 부동산이라면 해당 절차는 신경 쓰지 않아도 된다. 전입신고는 그 부동산에 거주하게 될 세입자가 하게 된다.

부동산 꿀팁

중개사와 세무사의 업무를 알아두자

부동산 매매와 관련된 행정 절차에는 중개사뿐만 아니라 법무사와 세무사가 각각 그 역할을 맡아서 진행한다. 부동산 공인중개사의 경우 연관 업무에 대한 이해를 위해 부동산 등기법과 부동산 세법에 대한 기초 지식을 갖추고 있지만 각 분야별로 전문가에게 상담받는 것이 안전하다.

최근 부동산 규제 정책이 수시로 발표되면서 관련 법이 자주 바뀌다 보니 취득세나 양도소득세에 대한 것은 부동산을 취득한 시점과 보유한 기간, 보유한 부동산의 수에 따라 산출하는 방법이 개별화될 수밖에 없다. 그런 상황에서 중개사에게 세액을 계산해달라고 하는 것은 무리가 있다. 바뀐 부동산 관련 법 조항이나 개편된 세금 관련 사항을 설명해줄 수는 있지만 상세한 부분은 해당 분야의 전문가(세무사)에게 맡기자.

알쓸다잡 부동산 잡학사전

◇◇◇

자금조달계획서를 작성하자

주택자금조달계획서란 규제지역 내 주택거래 신고 시 주택 취득 자금 조달 및 입주 계획서 제출을 의무화한 서류다. 규제지역 내 모든 주택 거래 시 제출해야 한다.

자금조달계획서 작성 시 유의 사항

주택취득자금 조달 및 입주계획서(첨부서류 제출 대상인 경우 첨부 서류 포함)를 계약 체결일부터 30일 이내에 제출하지 않거나 거짓으로 작성하는 경우 「부동산 거래신고 등에 관한 법률」 제28조 제2항 또는 제3항에 따라 과태료가 부과된다. 제출하는 주택취득자금 조달 및 입주계획서는 국세청 등 관계 기관에 통보되어, 신고 내역 조사 및 관련 세법에 따른 조사 시 참고 자료로 활용된다. 또 부동산거래계약 신고서 접수 전에는 제출이 불가하니 별도 제출하는 경우에는 미리 부동산거래계약 신고서의 제출 여부를 신고서 제출자 또는 신고 관청에 확인해야 한다.

자금조달계획서 첨부 서류

투기과열지구에 소재하는 주택의 거래계약을 체결한 경우에는 구분에 따라 서류를 첨부해야 한다. 주택취금자금 조달 및 입주계획서의 제출일을 기준으로 주택취득에 필요한 자금의 대출이 실행되지 않았거나 본인 소유 부동산의 매매

계약이 체결되지 않은 경우 등 항목별 금액 증명이 어려운 경우에는 그 사유서를 첨부해야 한다.

기재 항목		증빙 서류
자기자금	금융기관 예금액	예금잔액증명서 등
	주식 · 채권 매각대금	주식거래내역서, 잔고증명서 등
	증여 · 상속	증여 · 상속세 신고서, 납세증명서 등
	현금 등 그 밖의 자금	소득금액증명원, 근로소득원천징수영수증 등
	부동산 처분대금 등	부동산 매매계약서, 부동산 임대차계약서 등
차입금	금융기관 대출액 합계	금융거래확인서, 부채증명서, 대출신청서
	임대보증금 등	부동산 임대차계약서
	회사지원금, 사채, 기타 등	금전 차용을 증빙할 수 있는 서류

자금조달계획서 제출 방법

국토교통부 부동산거래관리시스템(rtms.molit.go.kr)으로 로그인해 거래신고서 작성, 물건 정보, 가격 정보, 매수인·매도인·공인중개사 정보를 입력한다. 마지막으로 전자서명 및 필증 인쇄가 진행되며 공인중개사 신청 시 공인중개사 전자서명, 매수인 또는 매도인 신청 시 모두의 전자서명이 필요하다. 자금조달계획서 또는 증빙 서류를 제출하지 않을 경우 500만 원의 과태료가 처분되며, 실거래 신고필증 미발급으로 인한 소유권이전등기가 불가하니 유의하자.

■ 부동산 거래신고 등에 관한 법률 시행규칙 [별지 제1호의3서식] <개정 2020. 10. 27.> 부동산거래관리시스템(rtms.molit.go.kr)에서도 신청할 수 있습니다.

주택취득자금 조달 및 입주계획서

※ 색상이 어두운 난은 신청인이 적지 않으며, [ ]에는 해당되는 곳에 √표시를 합니다. (앞쪽)

접수번호	접수일시	처리기간

제출인 (매수인)	성명(법인명)	주민등록번호(법인 · 외국인등록번호)
	주소(법인소재지)	(휴대)전화번호

① 자금 조달계획	자기 자금	② 금융기관 예금액 원	③ 주식 · 채권 매각대금 원	
		④ 증여 · 상속 원	⑤ 현금 등 그 밖의 자금 원	
		[ ] 부부 [ ] 직계존비속(관계:) [ ] 그 밖의 관계( )	[ ] 보유 현금 [ ] 그 밖의 자산(종류:)	
		⑥ 부동산 처분대금 등 원	⑦ 소계 원	
	차입금 등	⑧ 금융기관 대출액 합계 원	주택담보대출	원
			신용대출	원
			그 밖의 대출	원 (대출 종류:)
		기존 주택 보유 여부 (주택담보대출이 있는 경우만 기재) [ ] 미보유 [ ] 보유 (건)		
		⑨ 임대보증금 원	⑩ 회사지원금 · 사채 원	
		⑪ 그 밖의 차입금 원	⑫ 소계 원	
		[ ] 부부 [ ] 직계존비속(관계:) [ ] 그 밖의 관계( )		
	⑬ 합계	원		

⑭ 조달자금 지급방식	총 거래금액	원
	⑮ 계좌이체 금액	원
	⑯ 보증금 · 대출 승계 금액	원
	⑰ 현금 및 그 밖의 지급방식 금액	원
	지급 사유 ( )	

⑱ 입주 계획	[ ] 본인입주 [ ] 본인 외 가족입주 (입주 예정 시기: 년 월)	[ ] 임대 (전 · 월세)	[ ] 그 밖의 경우 (재건축 등)

「부동산 거래신고 등에 관한 법률 시행령」 별표 1 제2호나목, 같은 표 제3호가목 전단, 같은 호 나목 및 같은 법 시행규칙 제2조제6항부터 제9항까지의 규정에 따라 위와 같이 주택취득자금 조달 및 입주계획서를 제출합니다.

년 월 일

제출인 (서명 또는 인)

시장 · 군수 · 구청장 귀하

유의사항

1. 제출하신 주택취득자금 조달 및 입주계획서는 국세청 등 관계기관에 통보되어, 신고내역 조사 및 관련 세법에 따른 조사 시 참고자료로 활용됩니다.
2. 주택취득자금 조달 및 입주계획서(첨부서류 제출대상인 경우 첨부서류를 포함합니다)를 계약체결일부터 30일 이내에 제출하지 않거나 거짓으로 작성하는 경우 「부동산 거래신고 등에 관한 법률」 제28조제2항 또는 제3항에 따라 과태료가 부과되오니 유의하시기 바랍니다.
3. 이 서식은 부동산거래계약 신고서 접수 전에는 제출이 불가하오니 별도 제출하는 경우에는 미리 부동산거래계약 신고서의 제출여부를 신고서 제출자 또는 신고관청에 확인하시기 바랍니다.

210mm×297mm[백상지(80g/㎡) 또는 중질지(80g/㎡)]

▲주택취득자금 조달 및 입주계획서 양식

(뒤쪽)

첨부서류	투기과열지구에 소재하는 주택의 거래계약을 체결한 경우에는 다음 각 호의 구분에 따른 서류를 첨부해야 합니다. 이 경우 주택취득자금 조달 및 입주계획서의 제출일을 기준으로 주택취득에 필요한 자금의 대출이 실행되지 않았거나 본인 소유 부동산의 매매계약이 체결되지 않은 경우 등 항목별 금액 증명이 어려운 경우에는 그 사유서를 첨부해야 합니다. 1. 금융기관 예금액 항목을 적은 경우: 예금잔액증명서 등 예금 금액을 증명할 수 있는 서류 2. 주식 · 채권 매각대금 항목을 적은 경우: 주식거래내역서 또는 예금잔액증명서 등 주식 · 채권 매각 금액을 증명할 수 있는 서류 3. 증여 · 상속 항목을 적은 경우: 증여세 · 상속세 신고서 또는 납세증명서 등 증여 또는 상속받은 금액을 증명할 수 있는 서류 4. 현금 등 그 밖의 자금 항목을 적은 경우: 소득금액증명원 또는 근로소득 원천징수영수증 등 소득을 증명할 수 있는 서류 5. 부동산 처분대금 등 항목을 적은 경우: 부동산 매매계약서 또는 부동산 임대차계약서 등 부동산 처분 등에 따른 금액을 증명할 수 있는 서류 6. 금융기관 대출액 합계 항목을 적은 경우: 금융거래확인서, 부채증명서 또는 금융기관 대출신청서 등 금융기관으로부터 대출받은 금액을 증명할 수 있는 서류 7. 임대보증금 항목을 적은 경우: 부동산 임대차계약서 8. 회사지원금 · 사채 또는 그 밖의 차입금 항목을 적은 경우: 금전을 빌린 사실과 그 금액을 확인할 수 있는 서류

작성방법

1. ① "자금조달계획"에는 해당 주택의 취득에 필요한 자금의 조달계획을 적고, 매수인이 다수인 경우 각 매수인별로 작성해야 하며, 각 매수인별 금액을 합산한 총 금액과 거래신고된 주택거래금액이 일치해야 합니다.
2. ② ~ ⑥에는 자기자금을 종류별로 구분하여 중복되지 않게 적습니다.
3. ② "금융기관 예금액"에는 금융기관에 예치되어 있는 본인명의의 예금(적금 등)을 통해 조달하려는 자금을 적습니다.
4. ③ "주식 · 채권 매각대금"에는 본인 명의 주식 · 채권 및 각종 유가증권 매각 등을 통해 조달하려는 자금을 적습니다.
5. ④ "증여 · 상속"에는 가족 등으로부터 증여 받거나 상속받아 조달하는 자금을 적고, 자금을 제공한 자와의 관계를 해당 난에 √표시를 하며, 부부 외의 경우 해당 관계를 적습니다.
6. ⑤ "현금 등 그 밖의 자금"에는 현금으로 보유하고 있는 자금 및 자기자금 중 다른 항목에 포함되지 않는 그 밖의 본인 자산을 통해 조달하려는 자금(금융기관 예금액 외의 각종 금융상품 및 간접투자상품을 통해 조달하려는 자금 포함)을 적고, 해당 자금이 보유하고 있는 현금일 경우 "보유 현금"에 √표시를 하고, 현금이 아닌 경우 "그 밖의 자산"에 √표시를 하고 자산의 종류를 적습니다.
7. ⑥ "부동산 처분대금 등"에는 본인 소유 부동산의 매도, 기존 임대보증금 회수 등을 통해 조달하려는 자금 또는 재건축, 재개발시 발생한 종전 부동산 권리가액 등을 적습니다.
8. ⑦ "소계"에는 ② ~ ⑥의 합계액을 적습니다.
9. ⑧ ~ ⑪에는 자기자금을 제외한 차입금 등을 종류별로 구분하여 중복되지 않게 적습니다.
10. ⑧ "금융기관 대출액 합계"에는 금융기관으로부터 대출을 통해 조달하려는 자금 또는 매도인의 대출금 승계 자금을 적고, 주택담보대출 · 신용대출인 경우 각 해당 난에 대출액을 적으며, 그 밖의 대출인 경우 대출액 및 대출 종류를 적습니다. 또한 주택담보 대출액이 있는 경우 "기존 주택 보유 여부"의 해당 난에 √표시를 합니다. 이 경우 기존 주택은 신고하려는 거래계약 대상인 주택은 제외하고, 주택을 취득할 수 있는 권리와 주택을 지분으로 보유하고 있는 경우는 포함하며, "기존 주택 보유 여부" 중 "보유"에 √표시를 한 경우에는 기존 주택 보유 수(지분으로 보유하고 있는 경우에는 각 건별로 계산합니다)를 적습니다.
11. ⑨ "임대보증금"에는 취득 주택의 신규 임대차 계약 또는 매도인으로부터 승계한 임대차 계약의 임대보증금 등 임대를 통해 조달하는 자금을 적습니다.
12. ⑩ "회사지원금 · 사채"에는 금융기관 외의 법인, 개인사업자로부터 차입을 통해 조달하려는 자금을 적습니다.
13. ⑪ "그 밖의 차입금"에는 ⑧ ~ ⑩에 포함되지 않는 차입금 등을 적고, 자금을 제공한 자와의 관계를 해당 난에 √표시를 하고 부부 외의 경우 해당 관계를 적습니다.
14. ⑫에는 ⑧ ~ ⑪의 합계액을, ⑬에는 ⑦과 ⑫의 합계액을 적습니다.
15. ⑭ "조달자금 지급방식"에는 조달한 자금을 매도인에게 지급하는 방식 등을 각 항목별로 적습니다.
16. ⑮ "계좌이체 금액"에는 금융기관 계좌이체로 지급했거나 지급 예정인 금액 등 금융기관을 통해서 자금지급 확인이 가능한 금액을 적습니다.
17. ⑯ "보증금 · 대출 승계 금액"에는 종전 임대차계약 보증금 또는 대출금 승계 등 매도인으로부터 승계했거나 승계 예정인 자금의 금액을 적습니다.
18. ⑰ "현금 및 그 밖의 지급방식 금액"에는 ⑮, ⑯ 외의 방식으로 지급했거나 지급 예정인 금액을 적고 계좌이체가 아닌 현금(수표) 등의 방식으로 지급하는 구체적인 사유를 적습니다.
19. ⑱ "입주 계획"에는 해당 주택의 거래계약을 체결한 이후 첫 번째 입주자 기준(다세대, 다가구 등 2세대 이상인 경우에는 해당 항목별 중복하여 적습니다)으로 적으며, "본인입주"란 매수자 및 주민등록상 동일 세대원이 함께 입주하는 경우를, "본인 외 가족입주"란 매수자와 주민등록상 세대가 분리된 가족이 입주하는 경우를 말하며, 이 경우에는 입주 예정 시기 연월을 적습니다. 또한 재건축 추진 또는 멸실 후 신축 등 해당 주택에 입주 또는 임대하지 않는 경우 등에는 "그 밖의 경우"에 √표시를 합니다.

부동산 관련 세금 총정리

- 집을 사거나 팔 때 내야 할 세금

부동산과 관련된 세금은 크게 세 가지가 있다. 우선 부동산 취득 과정에서 발생하는 '취득세', 부동산 보유 과정에서 발생하는 '재산세'와 '종합부동산세', 부동산 매도 시 차익에 따른 '양도소득세'다. 여기에 추가로 인지세, 상속세, 증여세, 농어촌특별세, 지방교육세 등이 발생한다. 집값만 생각하다가 이후 발생하는 세금에 놀라지 않도록 미리 알아두는 것이 좋다.

취득세

매매, 교환, 상속, 증여의 방법에 의한 부동산 자산의 취득에 대하여 부과되는 세금이다. '취득한 날'로부터 60일 이내에 취득세를 신고하고 납부하지 않으면 '신고불성실가산세' 20%가 추가로 부과된다. 부동산 취득세에는 농어촌특별세와 지방교육세가 포함된다.

취득세 계산 시 취득가액은 취득자가 신고한 가액으로 하되, 신고를 하지 않거나 신고한 금액이 시가표준액에 미달 또는 신고가액의 표시가 없을 때에는 시가표준액으로 계산한다. 다만 국가 또는 법인 등 사실상 취득가액이 입증되는 거래인 경우에는 사실상의 취득가액에 의하여 계산한다.

2020년 7월 10일 발표된 부동산 대책에 따라 조정대상지역은 2주택자부터 8%, 3주택자 이상은 12%가 적용된다. 이외 지역은 2주택자까지는 주택 가액에 따라 1~3%의 취득세율이 적용되며, 3주택자는 8%, 4주택자는 12%의 세율이 적용된다. 법인은 예외 없이 12%를 적용받는다. 농어촌특별세의 세율은 가격에 상관없이 0.2%로 동일하고, '국민주택규모'인 85㎡(전용면적) 이하 주택 매수 시에는 부과되지 않는다. 또 지방교육세는 취득세율 10% 수준의 세율이 부과된다.

취득세율 인상

<table>
<tr><th colspan="3">기존</th><th colspan="3">개정</th></tr>
<tr><td rowspan="4">개인</td><td>1주택</td><td rowspan="3">주택 가액에 따라 1~3%</td><td rowspan="4">개인</td><td>1주택</td><td>주택 가액에 따라 1~3%</td></tr>
<tr><td>2주택</td><td>2주택</td><td>8%</td></tr>
<tr><td>3주택</td><td>3주택</td><td rowspan="3">12%</td></tr>
<tr><td>4주택 이상</td><td>4%</td><td>4주택 이상</td></tr>
<tr><td colspan="2">법인</td><td>주택 가액에 따라 1~3%</td><td colspan="2">법인</td></tr>
</table>

상속세와 증여세

상속세는 사람이 사망한 뒤 이전되는 재산에 대하여 부과되는 세금이다. 국내에 주소를 둔 경우 국내와 국외에 소재하는 상속재산 전부에 과세하고, 국외에 주소를 둔 경우 국내에 소재한 상속재산에 한해서만 과세한다.

증여세는 생전에 자녀에게 재산을 넘겨줄 때 부과하는 상속세의 보완세다. 상속세를 회피하기 위해 생전에 재산을 상속인에게 증여하려는 걸 방지하는 세금이다. 상속세와 증여세는 과세표준이 커질수록 세율이 커지는 누진세율 구조다. 상속세(증여세) 과세표준에 세율을 곱하고 누진공제를 차감하면 상속세(증여세)를 계산할 수 있다.

증여세율과 상속세율

과세표준	세율	누진공제
1억 원 이하	10%	
5억 원 이하	20%	1천만 원
10억 원 이하	30%	6천만 원
30억 원 이하	40%	1억 6천만 원
30억 원 초과	50%	4억 6천만 원

인지세

부동산 취득과 관련하여 매매계약서(분양권 매매계약서 포함) 등의 증서를 작성하는 경우 발생하는 세금이다. 증서의 기재금액별 인지세액에 상당하는 수입인지를 구입하여 증서에 첨부하고 소인하여야 한다. 전자

부동산 소유권 이전에 관한 증서의 기재금액별 인지세액

기재금액	세액	기재금액	세액
1천만 원 초과~3천만 원 이하	2만 원	1억 원 초과~10억 원 이하	15만 원
3천만 원 초과~5천만 원 이하	4만 원	10억 원 초과	35만 원
5천만 원 초과~1억 원 이하	7만 원	*주택의 경우 매매계약서상 기재금액이 1억 원 이하일 때 인지세 비과세	

수입인지 납부서비스(www.e-revenuestamp.or.kr)에 접속하여 종이문서용과 전자문서용을 선택하여 전자수입인지를 구매 및 소인할 수 있다.

재산세

토지, 주택, 선박, 항공기를 소유한 자에게 부과되는 세금이다. 매년 6월 1일 시점에서 부동산을 소유하고 있는 사람에게 부과되며 7월(16~31일)에는 주택 부분의 1/2과 건물분 재산세, 9월(16~30일)에는 주택 부분의 1/2과 토지분 재산세를 낸다. 주택의 재산세액이 10만 원 이하인 경우에는 7월에 전액 납부가 가능하다.

재산세 납부 금액은 주택공시가격에 공정시장가액비율(주택 및 건물은 60%, 토지는 70%)을 곱하여 산정되며, 재산세율은 지방세법 규정에 따라 전국적으로 동일하게 적용된다. 재산세에는 지방교육세(재산세 납부세액의 20%), 재산세 도시지역분(재산세 과세표준의 0.14%), 지역자원시설세가 부과하여 과세된다.

종합부동산세

지방자치단체가 부과하는 종합토지세 이외에 일정 기준을 초과하는 주택이나 토지를 가진 사람들을 대상으로 국세청이 별도로 누진세율을 적용해 부과하는 세금이다. 부동산 과다 보유자에 대한 과세 강화와 지방세 체계를 개편하기 위해 도입된 제도이다. 재산세와 함께 보유세로 분류되며 6월 1일 기준으로 주택 수와 가액에 따라 책정되어 12월 1일에서 15일 사이에 납부하게 된다. 일시적 2주택 비과세 대상일지라도 6월 1일 이후 매도하게 되면 주택 수에 포함되어 종부세가 부가된다.

반대로 6월 1일 이전에 매도하면 1주택으로 절세가 가능하다.

2020년 발표된 7·10 부동산 대책에 따라 다주택자 대상 종부세 중과세율이 인상되어 개인의 경우 '3주택 이상 및 조정대상지역 2주택'에 대해 과세표준 구간별로 1.2%~6.0%의 세율을 적용, 법인은 다주택 보유 법인에 대해 중과 최고세율인 6%를 적용한다.

양도소득세

토지, 건물 등의 자산에 대한 권리를 양도할 때 발생하는 소득에 대해 부과되는 세금이다. 건물이나 토지 등 고정자산에 대한 영업권, 특정 시설물에 대한 이용권/회원권, 주식이나 출자지분 등 대통령령으로 정하는 기타의 재산에 대한 소유권을 다른 사람에게 넘길 때 생기는 양도차익에 대해 발생한다. 양도일이 속하는 달의 말일부터 2개월 이내에 주소지 관할세무서에 예정 신고 및 양도소득세를 납부해야 한다. 미신고 시 가산세가 부과된다.

부동산을 사고 팔 때 붙는 양도세의 경우 양도가액(판 가격)과 취득가액(샀던 가격)은 원칙적으로 토지와 개별주택의 경우 국토교통부의 개별공시지가 및 개별주택가격을 적용하며, 일반건물 및 공동주택(아파트 등)은 국세청의 기준시가를 적용해 계산한다. 공동소유 토지를 소유자별로 단순 분할 등기하거나 신탁 해지를 원인으로 소유권이 원상회복되는 경우에는 양도에 해당하지 않는다.

2020년 7월 10일 발표된 부동산 대책에 따라 2021년 이후 양도분부터 1년 미만 보유 주택에 대한 양도세율이 현행 40%에서 70%로 인상되고, 1년 이상 2년 미만 보유 주택의 양도세율은 현행 기본 세율(과세표준 구간별 6~42%)에서 60%로 인상한다. 또 다주택자가 조정대상지역 내 주택을 양도할 경우 2주택자는 20%, 3주택 이상인 자는 30%의 양도세를 각각 중과한다. 양도세 강화 방안은 2021년 종합부동산세 부과일인 2021년 6월 1일 이후부터 시행된다.

부동산 꿀팁

생애 첫 주택 취득 시 취득세 감면

만 20세 이상이라면 연령 및 혼인 여부 관계없이 감면 대상으로 무주택자에서 생애 최초로 집을 구입할 때 단 한 번 받을 수 있는 혜택이다. 취득세 감면 조건으로는 ①주민 등록상에 세대원 모두가 주택 소유 사실이 없어야 함 ②본인과 배우자의 연소득이 7천만 원 이하 ③1.5억 원 이하 주택은 전액 면제, 1.5억 원 초과~3억 원 미만(수도권 4억 원) 이하의 주택은 50% 감면 ④2020년 7월 10일 이후 취득한 주택에 적용 ⑤취득일로부터 90일 이내에 전입신고 및 실거주가 있다.

취득일로부터 3개월 내에 추가 취득하거나 실거주 기간 3년 미만에 되팔거나 임대, 증여할 경우 감면받은 취득세는 추징 대상이 되니 기억해두자.

알쓸다잡 부동산 잡학사전

◇◇◇

나 홀로 셀프 등기하는 방법

주택을 취득했다면 가장 먼저 소유권이전등기를 통해 명의를 바꿔야 한다. 소유권이전등기의 경우 법무사를 통해서 진행하는 경우가 많지만 최근에는 직접 등기 이전을 진행하는 경우도 많다. 셀프로 등기 이전을 할 경우 법무사에게 등기 의뢰 시 발생하는 기본료, 누진료, 부가가치세 등 각종 수수료를 아낄 수 있다. 셀프 등기의 경우 준비할 서류들이 많고, 매도인으로부터 받아야 할 서류도 있어 복잡해 보이지만 차근차근 준비하면 결코 어렵지 않다.

준비해야 할 서류를 알아두자

소유권이전등기를 직접 진행하기 위해서는 10종의 구비 서류를 꼼꼼하게 준비하는 것이 가장 중요하다. 본인(매수인)이 준비할 서류는 매매계약서 원본과 사본, 주민등록등본, 신분증, 도장과 함께 매매계약을 진행한 공인중개사무소의 부동산거래계약신고필증, 취득한 주택의 토지대장등본과 건축물대장등본, 대지권등록부이다. 해당 서류들은 취득한 주택이 소재해 있는 구청에서 발급받을 수 있다.

매도인으로부터 받아야 할 서류는 4종류다. 부동산 매도용 인감증명서(매수인의 인적 사항 기재), 매도인의 주민등록초본 1통(등기부등본상 주소로 3개월 이내 발행), 매도인의 인감도장이 찍힌 위임장, 등기필증이다. 단 매도인이 법인인 경우에는 주민등록초본 대신 법인등기부등본을 받으면 된다.

셀프 등기 시 필요한 서류

직접 준비할 서류	매도인으로부터 받아야 할 서류
신분증 및 도장 주민등록등본 매매계약서 원본 및 사본 부동산거래계약신고필증 토지대장등본 및 건물대장등본	주민등록초본 부동산 매도용 인감증명서 매도인의 인감도장이 찍힌 위임장 등기필증

셀프 등기 3단계! 구청-은행-법원등기소를 방문하자

①서류를 준비한 후에는 취득한 주택이 소재한 구청부터 방문하자. 구청에서는 부동산거래계약신고필증, 취득세 신고서, 매매계약서를 제출하고 취득세 고지서를 발급받으면 된다.

②은행을 방문하여 취득세 고지서를 제출하고 취득세를 납부한다. 이후 국민주택채권을 매입하여 확인증을 받은 뒤 바로 할인율을 적용해 은행에 되판다. 마지막으로 수입인지를 구입한다.

③은행 업무를 마쳤다면 법원등기소를 방문해 소유권이전등기를 신청하자. 기본적으로 매수인과 매도인이 함께 방문해야 하지만 매도인의 위임장을 받았다면 매수인만 방문해도 된다.

셀프 등기 시 유의할 점

매도인에게 잔금을 치르기 전에 등기 이전 관련 서류를 준비해달라고 요청하고 잔금 지급 당시에 전달받는 것이 좋다. 만약 매수하는 주택에 근저당이 있어 말소등기 신청을 직접 할 경우라면 매매 잔금을 매도인에게 지불하지 않고 대출은행으로 직접 입금한 뒤 은행에서 확인서, 근저당해지증서, 위임장, 근저당등기필증을 받아 등기소에 근저당말소등기를 신청하면 된다.대출을 통해 주택자금을 마련하는 경우 대출 은행에서 지정하는 법무사를 통해서만 소유권이전등기를 해야 한다.

Chapter 6

나에게 맞는 부동산 투자

STAY
AT
HOME
60

시세차익 vs 임대수익 뭐가 좋을까?

- 부동산을 구매하는 목적

주택 구매에 앞서 실거주 후 시세차익이 목적인지 또는 세를 주어서 임대수익을 남기는 것인지 목적을 확실하게 세우자. 시세차익은 내가 산 가격과 판 가격의 차이를 의미한다. 임대수익은 월세 등 고정적으로 임차인에게 받는 수익을 의미한다. 최근 부동산 시장에 대한 관심이 뜨거워지면서 시세차익과 임대수익을 바라보는 관점도 달라지고 있다. 경매를 통해 단기간에 높은 시세차익을 노리거나, 또는 공실 리스크 없이 소액으로도 안정적인 수익을 얻을 수 있는 리츠 등이 그러한 예다.

1. 실거주 후 시세차익을 생각한다면? - 85m² 이하 아파트

실거주를 위해 주택을 구매한다면 크게 두 가지의 기준에서 매물을 선택해야 한다. 첫째는 내가 편안하고 편리하게 살 수 있는 집, 두 번째는 팔 때 시세차익을 볼 수 있는 집이다. 집을 2년 이상 보유하면 비과세가 적용된다. 실거주의 경우 대부분 2년 이상인 점을 고려하면 양도소득세 걱정은 하지 않아도 된다(조정대상지역의 경우는 2년 이상 보유, 2년 이상 거주 요건을 갖춰야 비과세 적용). 팔 때를 생각하면 집 크기는 구매할 때 비용도 적게 들고 수요가 많아 세도 줄 수 있는 85m² 이하 소형 주택이 좋다. 소형 주택의 경우 직장인이나 신혼부부의 수요가 많기 때문이다. 위치는 역세권 또는 교통이 편리하고 마트, 공원, 병원 등이 있는 곳이 좋다. 추후 개발 이슈가 있는 곳이라면 나중에 시세차익을 더 크게 볼 수 있으니 기억해두자.

2. 시세차익이 목적이라면? - 경매와 급매

단기간 시세차익이 목적이라면 경매나 급매를 활용하면 좋다. 경매란 불경기 때에 시세차익을 더 노려볼 수 있기 때문에 부동산 호황기에는 경매의 활용도가 낮다. 하지만 주변 시세보다 싼 급매는 호황기에도 나오기 때문에 관심을 갖는 것이 좋다.

경매와 급매에 관심이 있다면 이전에 부동산 시세와 호가에 대한 기본적인 감을 최대한 익혀야 한다. 꾸준한 정보 탐색과 시장 조사는 필수이고 어느 정도 부동산에 대한 이해가 필요하다. 서울경제 유튜브 채널 '집슐랭'에서 〈언더독〉을 진행했던 부동산 전문 투자가 카이저 역시 본격적으로 경매를 시작하기 전 모의 경매 연습만 1년을 했다. 호갱노노나 아실, 네이버부동산 등 관련 앱과 포털을 통해 시세 정보를 파악하고, 해당 지역 공인중개사에게 매수 의지를 자주 피력해야 한다.

시세는 과거 시점의 가격(과거의 부동산 판매 가격)을 뜻하며, 호가는 미래 시점의 가격(팔고 싶은 부동산의 가격) 기준을 의미한다. 이 두 가지 기준 사이에서 지역과 부동산의 종류별 숫자에 대한 감각을 제대로 쌓는다면 좋은 매물이 나올 때 빠르게 시세차익을 얻을 수 있다.

3. 임대수익이 목적이라면? – 상업용 오피스텔이나 상가

안정적인 임대수익이 우선이라면 오피스텔과 상가를 활용하는 방법이 있다. 이미 주택을 보유한 사람이라면 상대적으로 저렴한 취득세를 내고 구입할 수 있다. 다만 이러한 경우 월 수익률이 어느 정도인지는 따져볼 필요가 있다.

5억 원짜리 상가를 구입했다고 가정해보자. 이 상가에는 기존 대출 담보가 3억이 있으며 보증금이 0.5억, 월세가 150만 원으로 책정되어 있다. 이 경우 상가의 수익률은 실투자금 1.5억 기준 월세 150만 원에서 대출이자 75만 원(3% 기준)을 뺀 75만 원, 수익률은 6%다.

상가 부동산 전문 투자가들은 적어도 9% 이상의 수익은 나야 의미가 있다고 이야기한다. 하지만 수익률에 대한 기준은 투자자에 따라 다르고, 요즘 같은 저금리 상황에서는 수익률이 다소 적더라도 입지 등 감가상각 요인을 고려한다면 5% 전후더라도 고려해볼 만하다.

4. 시세차익과 임대수익을 동시에 보고 싶다면? - 역세권 빌딩

시세차익과 임대수익을 둘 다 보고 싶다면 공실 걱정 없는 역세권 빌딩이 적합하다. 코로나로 인해 공실률이 올라가면서 가장 중요한 건 첫째도 둘째도 입지가 됐다. 물론 이런 건물들은 매매가가 높다. 하지만 그만큼 대출이 잘 나오기 때문에 어느 정도 자산을 보유하고 있다면 좋은 선택지가 될 수 있다. 그래서 이러한 매수 유형은 상당한 목돈이 있는 사람에게 해당된다.

유명 개그맨 박명수의 아내 한수민 씨처럼, 저평가된 건물을 사서 전체 리모델링 후 유명 프랜차이즈를 입점시켜 매도하는 전략도 있다. 다만 이 전략은 대출 비중이 낮을 확률이 높고, 자기 자본 투입 비중이 커질 수 있다. 또한 리모델링을 위해 많은 시간과 비용을 들여야 한다. 매력적인 프랜차이즈를 입점시키기 위한 영업도 필요하다.

처음부터 빌딩을 살 수는 없기 때문에 건물 투자가들도 빌라 경매→아파트 갭투자→역세권 다가구 재건축 등의 코스를 거친다. 작은 것부터 시작하고 공부하며 쌓아가야 추후의 리스크도 덜 하다.

빌딩 등 건물 매수 시 유의할 점은 매도 계획을 잘 세워야 한다. 개인, 부부공동명의, 법인 등 매수 주체부터 어느 정도의 수익률을 보고 되팔 건지도 목표를 세워야 한다. 어떻게 건물의 값어치를 높일 수 있을지도 매수 전 전문가와 상의하면 좋다. 세무사, 건축사, 공인중개사 등 관련 전문가의 역할이 중요하다.

부동산 꿀팁

분양가상한제 적용 아파트 실거주 5년 조건을 알아두자

2021년 2월 19일부터 수도권에서 민간택지 분양가상한제 아파트를 분양받으면 입주일로부터 최장 5년 동안 살아야 한다. 공공택지는 3년에서 최대 5년, 민간택지도 주변 매매가의 80% 밑으로 분양받으면 3년 동안 의무적으로 거주해야 한다. 주변 시세보다 싼 이른바 '로또 분양'을 노린 갭투자수요를 차단하기 위한 장치로 서울의 경우 25개 구 중 18개 구에서 분양가상한제가 적용되어 거의 모든 지역이 해당한다.

전입신고만 하고 실제 거주하지 않다가 적발되면 1년 이하의 징역이나 1천만 원 이하의 벌금에 처해진다. 다만 해외 체류 등 이주가 불가피한 경우 실제 거주하지 않더라도 거주 의무 기간을 채운 것으로 간주하기로 했다. 이런 사유가 없이 거주 의무 기간 안에 이사를 가려면 한국토지주택공사(LH) 등에 집을 팔아야 한다.

알쓸다잡 부동산 잡학사전

◇◇◇

갭투자를 알아보자

'갭(Gap)투자'란 매매 가격과 전세 가격의 차이가 작을 때 그 차이(갭)만큼의 돈만 갖고 집을 매수한 후 전세로 보증금만 받고 임대하다가 집값이 오르면 매도해 시세차익을 실현하는 투자법이다. 예를 들어 매매가격이 5억 원인 주택의 전세가 4억 5천만 원이라면, 전세를 끼고 5천만 원으로 집을 사는 방식이다.

레버리지를 활용한 투자 방법

전세계약이 종료되면 전세금을 올리거나 매매 가격이 오른 만큼의 차익을 얻을 수 있어 저금리, 주택 경기 호황을 기반으로 2014년부터 유행하였다. 집주인에게는 전세보증금이 무이자로 자금을 빌리는 레버리지로 작용하기 때문에 전세가율이 높을수록 갭투자에 유리하다. 일반적으로 매매 가격 대비 전세가율이 70% 이상을 상회하는 지역에서 많이 성행한다.

깡통 전세의 위험성

부동산 호황기에 집값이 상승하면 이익을 얻을 수 있지만 반대의 경우 깡통 주택으로 전락해 집을 팔아도 세입자에게 전세금을 돌려주지 못하거나 집 매매를 위한 대출금을 갚지 못할 수 있다. 정부는 2020년 6.17 부동산 대책에서 수도권 전역과 대전·충북 청주를 규제지역으로 묶고, 7.10 대책에서는 양도소득세를 강화했으며, 12.16 대책에서는 시가 9억

아파트 전세가율(매매가 대비 전세가 비율) 추이

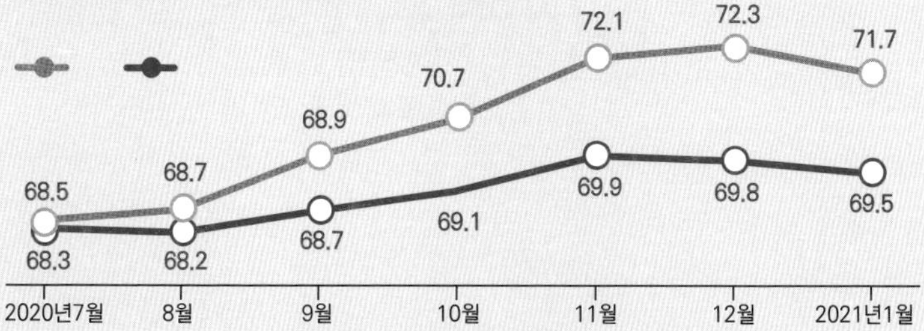

원 초과 주택을 구입할 경우 전세대출 보증을 제한하는 등 갭투자를 차단하기 위한 대책을 지속적으로 발표하고 있다.

부동산이 경매로 넘어갈 경우 보증금을 제대로 못 받을 수 있기 때문에 깡통 전세를 피하기 위해서는 집을 계약하기 전 등기사항전부증명서를 통해 근저당액과 전세보증금을 합한 금액이 매매가의 75~80%를 넘지 않는지 반드시 확인해야 한다.

헌 집을 새집으로 바꾸는 리모델링

- 새로운 부동산 투자 방법

오래된 주택을 리모델링해 임대수익을 내거나 시세차익을 얻는 것도 투자의 한 방법이다. 최근 부족한 주택 공급으로 인해 리모델링 시장이 나날이 커지고 있다. 주거용 건축물 46% 이상이 30년 이상된 노후된 건물이라는 점도 리모델링의 수요를 키우고 있다.

오래된 주택의 경우 감가상각이라는 이슈가 있지만 구입에 대한 가격 진입 장벽이 비교적 낮아 매력적인 투자처가 될 수 있다. 다양한 경우의 수를 보며 나에게 맞는 투자 방식은 무엇일지 고민해보자. 단, 무엇이든 투자는 신중하게 해야 함을 잊지 말자.

1. 아파트 리모델링 - 매매가 10억 원 이내

아파트는 가장 현금으로 바꾸기 쉬운 주택 유형이다. 가격이 비싼 만큼 감가상각에서 예외일 확률도 크다. 하지만 학군이나 역세권 등 매력적인 입지 조건이 없거나, 혹은 나 홀로 아파트일 경우라면 되팔 때 기대만큼 시세차익을 얻지 못할 수 있다. 게다가 요즘처럼 정책이나 세금 이슈가 많은 상황에서 구축 아파트나 나홀로 아파트는 자칫 골칫덩이가 될 수도 있다.

구축 아파트: 상승 여건을 확인하자!

오래된 아파트라도 입지가 좋거나 대단지라면 가격 하락에 대한 걱정이 덜하다. 서울 대단지의 경우 자체적으로 건설사와 계약해 리모델링하는 사례도 많다. 구축 아파트의 경우 상승 여력이 있는 입지 조건 등을 면밀히 검토한 후 선택하도록 하자.

최대한 수리해서 임차를 줘야 하는 경우라면 '티가 나는' 인테리어를 하면 좋다. 아파트는 벽지(도배), 바닥(마루), 조명, 필름(샷시 등), 타일(주방 및 화장실 등)까지 딱 다섯 가지만 고쳐도 새집 느낌이 난다. 30평대 아파트의 경우 최소한으로 다섯 가지만 작업한다면 500만 원 선에서 진행이 가능하다. 생각보다 인테리어에 신경 안 쓰는 임대인이 많기에 조금만 관리가 된 매물이라면 임차는 금방 되는 편이다.

나홀로 아파트: 수익 방법을 정하자!

나홀로 아파트의 경우 보통 신축과 대단지가 올라간 후 마지막에 따라 올라가기 때문에 상승 여력은 상대적으로 낮다. 하지만 주변 시세가 올라가면 함께 오르는 건 사실이다. 주변만큼의 시세차익을 보기는 어려우므로 어떻게 수익을 낼 것인지 분명한 목표를 정하는 게 중요하다.

예를 들어 임대수익(월세)을 받고 싶은데 오피스텔은 구입하기에 불안하다면 나 홀로 아파트가 대안이 될 수 있다. 서울의 경우 핵심 지역이면 나 홀로 아파트도 6억 원 전후 고가이므로 반전세를 주는 옵션도 고려할 수 있다.

단 월세 세입자를 원한다면 인테리어를 좀 더 꼼꼼히 할 필요가 있다. 대체로 전셋집을 찾다가 매물이 없어 나중에 월세나 반전세로 돌아서는 임차인들이 많기에 매력적인 인테리어가 결정의 큰 요인이 될 수 있다.

2. 오피스텔 리모델링-매매가 2억 원 전후

아파트보다 오피스텔은 구매 주거 형태로는 덜 매력적이다. 환금성이나 감가상각 측면에서 아파트보다 장점이 덜하기 때문이다. 하지만 최근 변화된 세금 이슈로 상가와 오피스텔이 주목을 받고 나름의 장점과 수요층이 있기 때문에 목적성만 맞다면 투자해도 괜찮다.

다주택자라면 고려해볼 옵션

최근 부동산 정책으로 다양한 주택 관련 세금이 늘어났다. 그중 다주택자나 부동산 투자자들을 부담스럽게 하는 정책이 취득세다. 1주택자가 2주택자가 되는 순간 취득세만 무려 8%를 내야 한다.(한시적 1가구 2주택 예외) 3주택의 경우 12%라는 세율이 붙는다. 하지만 상가나 오피스텔(상업용)의 경우 취득세 4.6%가 적용되므로 세금에 대한 부담이 상대적으로 적다. 예전에는 주택보다 높았던 세율이 정책의 변화로 오히려 낮아졌기 때문이다. 그래서 이미 소유한 주택이 있고 추가 수입을 얻고 싶다면 오피스텔도 옵션이 될 수 있다.

입지가 좋은 임대수익(월세)을 원한다면 오피스텔은 괜찮은 투자처다. 최근에는 오피스텔을 활용해 파티룸, 회의실 등으로 임대업을 하는 젊은 층이 늘어나는 추세다. 일반적으로 월세 수입이 50~80만 원이라면 임대업을 통해서는 1.5배 이상 수익을 기대할 수 있다.

다만 초반에 언급했던 것처럼 오피스텔은 감가상각의 영향을 직접적으로 받는 주거 형태이므로 매수가보다 매도가가 떨어질 수 있음을 늘 인지해야 한다. 또한 팔고 싶어도 공급에 대한 수요가 없으면 환금성이 매우 떨어진다는 것도 유의해야 한다.

소액 투자자 역시 고려해볼 옵션

한때 사회 초년생들의 부동산 투자 옵션 중 하나가 오피스텔이었다. 아파트를 사기에는 부담스럽고 월급에는 만족하지 못한 직장인들이 오피스텔로 몰렸기 때문이다. 다만 감가상각에 대한 부분은 리스크 요인으로 생각하지 않았다. 임대수익의 총 합이 감가상각보다 높다는 판단 때문이다.

하지만 여전히 오피스텔은 목돈이 적은 사회 초년생들에게 매력적인 투자 옵션이 될 수 있다. 최근에는 주식 시장이 워낙 뜨겁기 때문에 오피스텔 월세 정도는 큰돈이 아니라 생각할 수도 있다. 다만 꾸준히 안정적인 수입을 원한다면 나쁘지 않은 선택이다. 소형 스튜디오로 활용하는 경우도 있고 회의실로 임대하는 경우도 있다. 언택트 시대에 맞춰 1, 2인용 사무실로도 렌탈할 수 있다.

오피스텔의 경우 평수가 적기 때문에 임대수익의 목적이 정해지면 그에 맞춰 최소한의 비용으로 인테리어에 투자하는 것이 좋다. 이케아, 모던하우스, 중고나라, 당근마켓을 적극 활용하면 200만 원 정도의 비용 안에서 충분이 목적에 맞게 꾸밀 수 있다. 서울경제 유튜브 채널 '집슐랭'의 〈너두가능〉 프로그램의 실제 사례를 참고해보자.

3. 다가구주택 혹은 상가주택 리모델링 - 매물별 다양한 가격대 분포

연남동이나 성수동을 둘러보면 오래된 벽돌 건물을 개조해 예쁜 상가로 바꾼 경우가 많다. 건물 자체를 부분 또는 전체 리모델링하거나 골조만 남기고 다시 짓는 등 다양한 형태로 변화를 준 사례다. 기존에 오래된 다가구건물이나 상가주택을 구입해 활용하는 방법들이 여기에 속한다.

이런 건물들은 대체로 준공된 지 20년이 지난 대단히 오래된 건물들이다. '빌사남' 김윤수 대표의 말에 따르면 2020년도 거래된 건물 중 70% 이상이 20년이 넘은 연식이라고 한다. 이런 오래된 건물들은 기본 골격은 단단하게 지어졌다 하더라도 벽체가 조적(벽돌)으로 쌓여 있는 등 자연환경(외풍, 온도, 폭우 등)에 상대적으로 취약하다는 단점이 있다. 그래서 관리에 신경 써야 한다.

오래된 건물을 구입해 리모델링을 하고자 한다면 용도 변경 및 건축 관련 법에 대한 이해가 필요하다. 용도 변경을 위해서는 반드시 건축사와 계약해 일을 진행해야 한다. 설계를 크게 변경하거나 증축을 하는 경우라면 더 큰 비용과 시간이 투입된다. 오래된 주택일수록 배관 등 눈에 보이지 않는 면면에서의 변수가 많을 수 있다. 용도 변경의 경우 단순 용도 변경만으로도 200~300만 원의 비용이 든다. 설계가 추가되면 1천만 원이 훌쩍 넘을 수도 있다.

이러한 건물들의 매매 가격은 건물 가치보다는 대지(토지) 가치로 평가되는 경우가 대부분이다. 향후 토지 가치가 얼마나 상승할지를 면밀히 따져봐야 한다. 그리고 매수와 매도가에 대한 목표 가이드라인을 미리 정해두면 좋다. 아파트의 경우 실거래가 기준이 있어 가격 흥정에 용이하지만 다가구 등 주택의 경우 그야말로 토지 평단가에 대한 시세를 따른다. 토지의 경우 일반 실거래가가 아닌 공시지가 기준만 확인할 수 있다. 당연히 실제 거래가와 공지시가 간 간극이 클 수밖에 없다. 그렇기 때문에 아파트나 오피스텔에 비해 다가구나 변형된 상가주택은 대출 비중이 상대적으로 적다.

4. 빌라나 다세대주택 리모델링

빌라와 다세대주택은 감가상각이나 수익성이 가장 떨어지는 주택 형태로 잘 알려져 있다. 모두가 꺼리는 투자처는 굳이 나서서 할 필요가 없다. 다만 경매에 나온 매물 중 시세보다 굉장히 싼 물건들이 나오는 경우라면 수익을 얼마나 실현할 수 있을지 따져볼 필요가 있다.

또한 소액의 비용으로 부동산 투자를 시작하기에 빌라나 다세대는 진입 장벽이 가장 낮다. 특히 경매를 통해 좋은 물건을 얻는다면, 경매 대금보다 더 높은 전세보증금을 받을 수도 있다. 초기 투자금이 적고 시드 머니를 마련하고 싶은 사람이라면 노려볼 만하다. 실제 부동산 투자자들을 보면 빌라 경매로 시작한 경우다 많다.

빌라나 다세대주택의 경우 대체로 도배와 장판 정도만 인테리어를 해도 임차인을 쉽게 구할 수 있다. 보유 가치는 크지 않기 때문에 인테리어를 꼼꼼히 할 필요는 없다. 벽지도 기존 벽지에 덧대어 작업한다거나 마루도 깔끔한 장판을 활용하면 된다. 20평대 빌라의 경우 덧바르는 벽지와 장판 가격을 합해 100만 원이면 충분하다.

주식처럼 투자하는 부동산 간접투자 리츠

- 부동산 투자 전문 펀드 리츠

부동산 시장 과열로 인해 정부 규제가 강화되면서 직접투자 문턱이 높아지고 있다. 정부는 아파트를 중심으로 주택에 쏠리는 투자금을 분산시켜 집값을 안정시키기 위해 간접투자인 상장 리츠의 세제 혜택, 상장 절차 간소화, 기관투자자 확대 등을 추진하고 있다.

정부가 권장하는 부동산 투자, 리츠

리츠(Real Estate Investment Trusts)란 부동산 투자를 전문으로 하는 뮤츄얼 펀드(Mutual Fund)다. 쉽게 말해 주식 발행을 통해 다수의 투자자로부터 자금을 모아 부동산, 부동산 관련 증권 등에 투자·운영하고 그 수익을 투자자에게 돌려주는 부동산 간접투자 주식회사다.

주식처럼 100만 원, 200만 원의 소액으로도 부동산에 투자할 수 있어 20, 30대도 쉽게 참여할 수 있으며, 증권화가 가능하여 증권시장에 상장하여 상장된 리츠라면 언제든지 팔아 현금화 할 수 있다. 또 통상적으로 배당가능 이익의 90% 이상을 의무 배당으로 하고, 그 수익 또한 부동산의 임대료에서 발생하기 때문에 예금이나 채권보다는 높은 수익을 올리면서 안정적인 투자를 할 수 있다는 장점이 있다.

공모형 부동산 간접투자 활성화 방안

목표	지원책
공모 리츠 시장에 우량 자산 공급	역사복합개발, 역세권 등 공공개발 민간사업자 선정시 공모 리츠 사업자 또는 공모자금 활용 시 우대
세제 혜택 지원을 통해 투자 장려	5천만 원 한도 일정 기간 이상 투자하여 발생한 배당소득은 9%로 분리과세
안심하고 투자할 수 있는 여건 조성	일정 규모 이상 상장 리츠에 대해서 전문 신용평가 공시
	주택기금여유자금, 금융기관이 투자하는 앵커리츠를 조성하여 투자환경 지원, 개인의 안정적 참여를 유도
상품 다양화와 사업성 강화를 위한 규제 합리화	공모 재간접 리츠가 자산 80% 이상을 사모·리츠 부동산펀드에 투자하는 경우 투자자 인원 수 합산 제외

2021년도 개설 예정인 리츠 지수 ETF

우리나라의 경우 2001년 제정된 '부동산 투자회사법'에 근거하여 부동산 시장의 선진화, 투명화, 효율화 관련 자본시장의 성장 목표로 도입되었다. NH프라임리츠·이리츠코크랩·케이탑리츠·신한알파리츠·롯데리츠·모두투어리츠·에이리츠·이지스밸류플러스리츠·이지스레지던스리츠·미래에셋맵스제1호리츠 등이 있으며, 제이알글로벌리츠·코람코에너지플러스리츠·디앤디플랫폼리츠·이에스알켄달스퀘어리츠·신한서부티엔디리츠·마스턴프리미어제1호 리츠 등이 상장을 준비하고 있다. 한국거래소에서는 총 16개의 리츠가 확보되면 2021년 내에 리츠 지수 ETF를 신설할 계획이라고 밝혀 기대를 모으고 있다.

국내외 추천 리츠

리얼티인컴 – 미국

리얼티인컴은 1969년 설립, 1994년 상장된 미국의 대표적인 부동산 투자 리츠로 2020년 12월 기준 시가총액이 약 23조 3,500억 달러다. 리얼티인컴의 가장 큰 장점은 연간 약 4.6% 배당 수익률을 월 배당으로 지급하며 주식처럼 소액으로 투자할 수 있어 주식 계좌를 가진 사람이라면 누구나 쉽게 사고 팔 수 있다. 리얼티인컴은 매년 배당 가능 이익의 90% 이상을 의무적으로 배당하기 때문에 수익률이 높은 편이다.

리얼인컴은 10~20년간 임차인에게 임대된 상업용 부동산에 임대료를 받고 주주들에게 월 배당을 지급하는 구조다. 주요 임차 법인은 세븐일레븐, 페덱스, 월마트, 월그린스 등 오프라인 공간이 필요한 기업들로 안정적인 임대 수익이 가능하다. 상가 외 유통, 산업, 농장 등 다양한 형태의 부동산 또는 건물을 6천여 개 넘게 소유하고 있다. 리얼티인컴은 상장 이후 24년 중 서브프라임 모기지 사태가 발생했던 2009년을 제외하고 23년간 이윤을 냈을 정도로 수익성과 안정성을 인정받았다.

KBWY –미국

리츠 ETF 상품으로 '삼프로TV'에 장우석 본부장이 추천해 최근 화제가 되고 있는 종목이다. 연 10%에 달하는 높은 배당률에 리얼티인컴과 같은 월 배당 구조다. 고점이었던 시기에 비해 아직 주가가 저렴하므로 높은 배당 수익률과 주가 상승 모두를 노릴 수 있다. 하지만 수익률 변동성이 다소 있으며 개별 리츠에 따라 성과가 다르다. '인베스코'라는 유명한 운용사에서 다루는 상품이기에 신뢰도는 높지만 운영 규모 금액(한화 약 2,200억 원)이 작다는 유동성 변동의 우려가 존재한다.

롯데 리츠 - 한국

국내 리츠 중 시가총액이 가장 큰 종목이다. 시총 약 8,700억 원에 자산 규모는 3조 원에 이른다. 롯데 계열의 백화점, 마트, 아울렛 등 리테일 자산을 보유하고 있다. 최근 코로나 팬데믹으로 리테일 매출이 감소하면서 1년 새 주가는 다소 떨어졌지만 롯데 리츠의 경우 매출을 기준으로 임대료가 변동되기 때문에 팬데믹 종료 후 매출이 증가한다면 상승할 여력을 갖고 있다. 지난해 배당 수익률은 6.3%이며, 한 주당 가격이 약 5천 원 정도라 부담 없이 시작해볼 만하다.

부동산 꿀팁

초저금리 시대에는 리츠에 투자하자

리츠의 경우 시중 금리가 높아지면 자본 비용은 증가하지만 수익성과 배당 매력은 떨어진다. 반면 금리가 낮아지면 자본 비용 하락으로 인해 수익성과 배당 매력은 높아진다. 경기가 좋으면 공실률이 낮아지고 수익성은 높아지지만 경기나 나쁠수록 공실률이 높아져 수익성은 떨어지게 된다.

이처럼 천재지변이나 경기 흐름, 산업구조 변동, 임대계약의 개별성에 따라 보유 부동산의 수익성에 변수가 존재한다. 또 리츠를 관리하는 자산관리회사가 얼마나 효율적으로 임차인을 구성 및 관리하여 부동산의 가치와 배당을 늘리는지가 중요하다.

Chapter 7

이야기로 떠나는 임장

'상전벽해' 노른자 땅으로 변신

- 동대문구 청량리

청량리라는 이름은 경복궁 동쪽 바리봉에 위치, 수목이 울창하고 맑은 샘물이 흐르며 남서쪽은 트여서 청량한 바람이 불었다 해서 이름 붙은 '청량사(淸凉寺)'에서 유래되었다. 1970~1980년대까지만 해도 서울의 대표 부도심이었으며 기차 여행길에 빠질 수 없는 청량리역이 있는 곳이다. 이후 개발이 늦어지고 노후화되면서 '짠 내' 나는 서울 강북권으로 불렸지만 지금은 '상전벽해의 청량리'로 불리며 빛을 보고 있다.

논밭만 가득했던 '동교'에서 철도 교통의 요지로

청량리는 조선 시대부터 수도인 한양을 가기 위해 반드시 거쳐야 하는 동쪽 관문이자 여행객을 위한 숙소였던 '보제원'(普濟院)'이 있던 곳이다. 교통의 요지였지만 발전이 더뎠던 이유는 풍수지리학적 요인에서 찾아볼 수 있다. 흥인지문(동대문)의 '지'(之)자는 '허약한 산세를 보충한다'는 뜻이다. 한양의 주산인 북악산이 왼쪽으로 치우쳐 있어 산의 기운을 받지 못해 정착하지 못하고 늘 스쳐가는 곳이라 여겨져 발전이 늦을 수밖에 없었다.

일제 강점기 전까지 '동대문 밖 교외 지역'이라는 뜻의 '동교'로 불릴

만큼 낙후되었던 청량리가 비로소 대중의 주목을 받게 된 것은 1899년 5월 17일 우리나라 최초의 전차가 개통되면서부터다. 당시만 해도 첨단 문명의 상징으로 여겨지던 전차가 논밭만 가득하던 청량리까지 연결된 것을 의아하게 여기는 사람이 많았다. 여기에는 외세의 침략 속에서 나라를 지키지 못한 비운의 왕 고종과 명성황후의 애틋한 사랑이 숨겨져 있다. 당시 혼돈의 정세 속에서 시해당한 명성황후의 능인 '홍릉'이 청량리에 있었다. 전차를 들여온 미국인 사업가 헨리 콜브란은 고종에게 쉽게 홍릉을 찾을 수 있도록 청량리까지 노선을 두는 것이 어떻겠냐고 제안했던 것이다.

청량리 하면 '청량리 588'로 불리는 집창촌이 유명했다. '청량리 588'은 서울역, 용산역 등에 있었던 집창촌이 모두 없어지면서 생긴 최대 규모의 집창촌이었다. 풍수학적으로 봤을 때 집창촌은 주로 이동이 빈번한 지역이나 양기가 강한 곳의 변두리, 음기가 집결되는 시장을 끼고 발달한 경우가 많았다. 음기가 강한 집창촌으로 인해 청량리 지역은 화기가 뿜어 나오는 매우 기가 센 지형이라고도 알려졌다. 이러한 까닭인지 현재 롯데백화점 자리는 예나 지금이나 화재가 빈번하게 발생했다. 1960년대 백화점의 전신인 대왕코너는 영업을 시작한 이후 3회의 화재 참사가 일어났다. 이후 대왕코너가 폐쇄되고 2010년 새로 들어선 청량리역사 주변에는 화재나 재앙을 물리치고 행복을 가져다준다는 해태상이 곳곳에 세워져 있다.

재건축 · 재개발로 변모하고 있는 2020년대 청량리

2015년 11월 관리처분인가가 나면서 '청량리 588' 자리에는 롯데캐슬

SKY-L65가 들어서게 되었다. 롯데캐슬 SKY-L65는 65층의 초고층 주상복합단지로 주상복합건물 4개 동과 호텔, 백화점, 공연장 등을 갖춘 42층 랜드마크 타워 1개동이 2023년 완공 예정이다. 청약 1순위에 1만 7,229명이 몰렸고, 일부 타입은 분양가 9억 원을 초과했지만 모두 완판되었다.

청량리 지역에서도 가장 '핫'한 지역 중 하나는 청량리 미주아파트다. 청량리역과 길 하나를 사이에 두고 있는 미주아파트 단지는 1960년대 전까지만 해도 과거 경성제대 예과 건물로 쓰이던 붉은 벽돌 건물과 넓은 운동장으로 이뤄진 황량한 땅이었다. 하지만 1960년대 초 이곳이 비워지면서 주변에 작은 집들이 들어서기 시작했고, 1970년대 초 라이프그룹이 이곳을 구매해 아파트 단지를 올리면서 현재 모습이 되었다. 1978년 준공된 청량리 미주아파트는 현재 8개동, 1,089가구 규모로 전농뉴타운이 개발되기 이전까지 청량리 일대에서 가장 규모가 큰 단지였다.

미주아파트를 지나 좀 더 북쪽으로 발걸음을 옮기면 예전 명성황후 홍릉의 흔적을 발견할 수 있다. 지금은 경기도 남양주시로 옮겨간 명성황후의 능이 있던 곳엔 홍릉수목원이 들어섰고 그 주변에는 한국개발연구원, 한국과학기술원 등이 자리하고 있다. 홍릉은 청량리 제기동과 도시재생 뉴딜사업지로 선정돼 '글로벌 바이오 산업혁명의 심장'이란 비전과 함께 2020년부터 6년에 걸쳐 사업을 추진 중인 따끈따끈한 지역이기도 하다.

홍릉 등 조선시대 왕릉 근처에는 유독 갈빗집이 많았다. 한성희 씨가 지은 『조선왕릉의 비밀』이라는 책을 보면 조선 시대에는 국가에서 소를 관리했다고 한다. 그 때문에 백성들은 함부로 소를 잡을 수 없어 평소에 쇠고기 맛을 보기가 어려웠다. 왕릉에서 제례를 하느라 소를 잡으면 주변에 몰려든 백성들이 겨우 쇠고기를 접할 수 있었다. 그렇게 능 근처에서 소갈비 요리가 발달, 지금까지 이어진 것이라고 한다.

청량리에는 한국 주택사와 관련돼 중요한 의의를 지니는 곳이 있다. 고종의 후궁인 엄비가 잠들어 있는 영휘원 건너편에 자리한 '부흥주택'이라 불리는 주택촌이다. 부흥주택은 1950년대 말과 1960년대 초에 주택 공급 부족을 해결하기 위해 정부에서 지은 곳으로 지금으로 치면 주택공사와 같은 역할을 했던 주택영단이 지은 최초의 공공주택이다. 1955년 12월 청량리 부흥주택 완공식에는 이승만 대통령과 각부 장관, 서울시장이 총출동했을 정도로 상징적인 곳이다.

부흥주택이 들어선 성북구, 서대문구, 동대문구 등은 그 당시 변두리 지역이었다. 현재 청량리2동 홍릉 단지, 정릉동 정든마을, 이화동 낙산마을에 아직 부흥주택의 흔적이 남아 있다. 부흥주택 건설에는 육군 공병대가 동원됐다. 원자재는 유엔한국재건단(UNKRA)의 지원에 의존했는데 모두 치열했던 전쟁 직후라는 특수성이 반영된 결과다.

예로부터 수없이 많은 사람들의 발길이 닿았지만 정작 개발의 손길이 닿지 않아 낙후되었던 청량리가 최근 눈에 띄게 바뀌고 있다. '상전벽해 청량리'라는 말처럼 그 가치가 어디까지 치솟을지 기대되는 이유다.

'수색동'이 이제야 뜨는 이유

– 은평구 수색동

연탄 공장에서 나오는 탄 냄새와 고된 철도 노동자들의 땀 냄새로 가득하던 수색동. 서울에서 가장 목욕탕이 많았던 수색동은 과거 서울 서북부 철도 교통의 요지에서 지금은 '강북의 코엑스'로 불리며 주목받고 있다.

'물(水)'이 흐르던 조용한 동네, 탄광 노동자의 거주지

수색동(水色洞)은 이름처럼 물과 깊은 인연을 맺고 있다. 수색동은 '물치', '무르치'라는 우리말이 세월을 지나며 한자로 표기된 명칭으로 이후 수생리계(水生里契), 수색리계(水色里契), 수암리계(水岩里契), 학암리계(鶴岩里契) 등 여러 이름으로 불렸다.

1914년 경기도 고양군 연희군에 속해 있던 수색동은 1949년 8월 13일 대통령령에 의해 서울시에 편입돼 서대문구 수색리가 되었다. 이후 1950년 3월 15일 서울특별시 조례에 의해 서대문구 수색동이 되었고, 1979년 10월 10일 대통령령에 의해 은평구가 신설되며 지금의 은평구 수색동이 되었다.

현재 19층짜리 4개동 총 320가구의 주상복합아파트가 들어선 곳은 과거 삼표연탄 공장과 삼천리 연탄 공장, 무연탄 화물열차의 종착역이 있던 곳으로 매일 저녁이 되면 시커먼 탄가루를 뒤집어쓴 채 목욕탕으로 향하는 인부들로 가득했다. 수색동은 서울 중에서도 목욕탕이 가장 많았고, 현재도 수색역 삼거리 부근에는 대중목욕탕 두 곳이 왕복 2차선 도로를 사이에 두고 마주하고 있다.

1970년대 변전소와 차량기지, 역 등에서 일하는 노동자들이 거주하면서 상권을 이끌었다. 하지만 차량기지와 수색변전소가 낙후되고 혐오시설로 인식되면서 오히려 수색동 발전을 가로막는 걸림돌이 되었다. 또 2000년대 초반까지만 해도 수색역 근처 언덕은 1961년 서울역 앞 중구 양동(현재 남대문로5가)·도동(현재 동자동)에서 이주한 철거민들이 아무렇게나 지은 낡고 허름한 주택이 많았다. 해마다 몇 차례씩 산사태로 하수구가 막히고, 수도가 들어오지 않아 공동 우물을 사용할 정도로 열악한 환경이었다.

서울의 대표적인 저개발 지역이였던 수색은 여러 문화 창작자들에게 영감을 불어넣어 시, 영화로 재탄생하기도 했다. 드라마 〈미생〉의 주인공 장그래가 태어난 곳도 수색동의 판잣집이었다.

상암 개발로 주목, 시작된 '수색증산뉴타운' 사업

1936년 경의선으로 단절되었던 수색동과 마포구 상암동을 연결하는 지하통로가 생겼다. 이후 상암동의 발전으로 수색동도 개발이라는 열매를 마침내 맛보게 되었다. 수색동이 개발 기회를 잡을 수 있었던 것은 풍수지리적 요인도 있다. 현재 서울월드컵경기장을 마주 보고 솟아 있는 매봉산을 기준으로 매봉산 동쪽은 풍요를 이루던 지역이었지만 매봉산이 등 돌린 서쪽 골짜기는 유사 이래 서울의 모든 쓰레기가 쌓여 산을 이루는 버림받은 땅이었다.

이는 쓰레기 매립장이 있던 난지도(蘭芝島)로 당시 난지도는 비가 오면 잠기고, 개이면 모습을 드러내는 나지막한 섬이었다. 압도(鴨島), 중초도(中草島)는 난지도(蘭芝島)라고 하는데 글자 그대로 난초와 지초로 어우러진 경치가 아름다운 곳이었다. 풍수에서는 이곳을 '나성(羅星)'이라 하며 강물의 흐름을 느리게 하므로 재물에 이로운 길사(吉砂)로 보았다. 하지만 이곳에 1978년부터 1993년까지 서울시에서 나오는 쓰레기가 매립되면서 높이 99m와 96m의 거대한 인공 산 2개가 만들어졌다. 이에 따라 상암동과 수색동의 풍수환경이 변화하면서 주민들의 삶도 변화를 겪었던 것이다.

오랜 시간이 흐르면서 나쁜 기운이 점점 정화됐고, 강변을 따라 튼튼한 도로가 조성되면서 버림받은 골짜기의 상류에서부터 흘러내린 물이 한강으로 바로 들어가는 것을 막아 지리의 흉함을 크게 보완했다. 자연적인 지형 위에 도로가 만들어짐과 건축을 위한 터의 평탄 작업 등 물길을 개선하며 상암동에 대단지 아파트와 상암 DMC가 건설될 수 있었다. 서울시는 수색동을 신촌이나 영등포 같은 부도심으로 육성할 계획이다. 다양한 활동이 가능한 특성 있는 생활권으로 변화시켜 이웃 상암지구 개발과 함께 21세기를 준비하는 지역으로 개발, 문화생활을 즐길 수 있는 가장 잠재력 있는 신흥지역으로 성장시킬 계획이다.

수색동 안에서 가장 관심이 집중되고 있는 곳은 수색역과 DMC역 건너편에 자리한 수색증산뉴타운이다. 수색증산뉴타운은 서울 은평구 수색동, 증산동 일대에 추진 중인 뉴타운 사업으로 수색 1~14구역, 증산 1~6구역으로 추진되는 대규모 재개발 지역이다. 지난 2006년 뉴타운으로 지정되기 전에도 은평구 수색동, 증산동 일대는 꾸준히 재개발 수요가 있던 지역이었다. 재개발 구역 한가운데 자리한 수색변전소 처리 문제로 계속해서 난항을 겪다가 뉴타운 사업으로 연결되었다.

수색증산뉴타운은 은평구에서 '은평뉴타운에 이은 뉴타운'으로서 상암 DMC의 배후 단지 구축을 목적으로 조성되고 있다. 수색증산뉴타운은 자타 공인 서울 최고의 입지로 주목받고 있다. 지하철 6호선과 경의중앙선, 공항철도 등 세 개 노선이 지나는 '트리플 역세권' 입지인 데다 광화문 종로로 대표되는 강북 도심과도 차량으로 20분 안에 연결되는 교통의 요지이기 때문이다.

또 DMC역 주변 일대의 개발 사업이 동시에 추진되고 있다는 점도 수색증산뉴타운의 가치를 더욱 높여주는 호재다. 본격적인 개발은 2017년 6월 수색역과 인접한 수색 4구역 'DMC 롯데캐슬 더 퍼스트'를 시작으로 2018년 12월 디지털미디어시티역과 인접한 수색 9구역에 'DMC SK VIEW'를 분양했다. 2020년에는 4개 구역에서 4,745가구 물량이 쏟아져 내 집 마련을 준비하는 이들에게 뜨거운 관심을 받았다.

탄가루가 날리는 낙후된 동네에서 고층 아파트와 복합 쇼핑몰과 문화 단지 건설로 연일 새롭게 탈바꿈 중인 수색동. 철거민들의 눈물과 한숨으로 어두웠던 동네에서 서울의 새로운 혁신을 향한 심장으로 발돋움하는 중이다.

뉴타운 이슈만 16년, 언제쯤 재개발 될까?

– 성북구 장위동

구멍 뚫린 담벼락 사이로 쓰레기가 버려져 있고 빈집과 함께 신축빌라들이 곳곳에 비집고 들어서 있는 장위동. 한때 부촌을 형성했지만 개발권에 들지 못하며 오랜 세월 옛 영광을 잃어버린 장위동의 모습은 마치 시간이 멈춰버린 것 같다.

한량들이 찾던 서울의 외곽에서 고급 부촌으로

원래 장위동은 웃말(위지역), 아래말(아래지역), 명덕굴, 간대마을(가운데), 활량리(한량리), 이 5개의 자연 촌락이 합쳐진 지역이다. 활량리는 한량리의 와전된 음인데 조선시대 한량들의 발걸음이 끊이지 않았던 데서 유래되었다. 과거 '한량'이라 함은 유학을 다녀왔거나 무예를 배웠지만 직업이 없어 한가롭게 사는 사람을 뜻했다.

이곳은 조선시대부터 줄곧 농민들이 살며 별다른 특산물 없이 누구나 다 하는 벼농사, 조, 수수, 고추 등 작물을 재배했다. 특별한 특징이 없다 보니 자연스레 자연물로 마을 이름을 정하게 됐고, 주변 '장위산'의 이름을 따 '장위동'이 되었다. 조선 초 한성부에 속했다가 후기에는 동부 인창방 장위리계, 일제강점기인 1911년 경성부 인창면에 편입됐다. 경춘선(1939년 7월)과 중앙선(1939년 4월) 개통을 기점으로 주택 수요가 급증하며 해방 후엔 서울특별시 성북구 '장위동'이란 이름으로 편입하게 되었다.

철도 개발과 함께 주택 수요가 늘어나면서 서울시는 장위동에도 당시 공공주택인 부흥주택을 건설했다. 1960년대는 본격적인 경제개발 드라이브가 추진되던 때로 정부는 주택난 해소를 위해 서민용 택지 조성을 조건으로 보험업계에 대규모 부동산 투자를 허용했다. 현 삼성생명의 모체인 동방생명보험이 1960년대 장위동에 주택촌을 만들었다. 군 장성, 고위 공무원, 유명 연예인들 다수가 장위동 주택가에 둥지를 틀면서 장위동 동방주택 일대에 단독주택은 부를 상징하기도 했다.

하지만 강남 개발과 함께 이곳에 살던 부자들이 대부분 이사를 가며 장위동 부촌은 조금씩 낙후되기 시작했다. 지형 자체가 워낙 높고 지하철이 들어갈 수 없어 개발이 어려웠던 게 가장 큰 이유였다. 고급 주택이 헐리면서 가난한 빌라촌으로 바뀌었고, 옛 영광을 잃어버린 채 개발을 기다리고 있다. '장위동 230-49' 주택은 1970년대 건축됐지만 노후화가 진행되며 1986년 건축가 김중업과 김수근이 리모델링했다. 현재 이 주택은 1980년대 한국의 중산층 주택이라는 건축사적 의의를 인정받아 2017년 서울미래유산으로 지정되었다.

장위동 주택촌 한복판인 돌곶이로 34길 4-11에는 조선시대 때 지어진 한옥이 한 채 있다. 과거 장위의 유지였던 윤용구와 아버지 윤의선이 살았던 곳이다. 대문에 을축년에 지었다는 기록이 전해져 1865년 고종 2년에 건축된 것으로 추정되며, 1977년 서울특별시 민속문화재 제25호로 지정되었다. 시간이 지나 김진흥이란 인물에게 팔리면서 소유주 이름을 따 '김진흥 가옥'으로 불려오다가, 1998년 김진흥의 부인이 이곳을 불교재단에 기증하면서 현재는 '진흥선원'이란 이름의 절로 바뀌었다. 안에는 넓은 마당과 함께 사랑채, 뜰 등 고급 한옥의 흔적이 그대로 남아 있다. 윤용구는 일제가 남작 작위를 수여했지만 이를 거절하고 세상을 멀리하며 이곳에서 글과 그림을 그렸다고 한다.

동대문 패션산업의 배후에서 재개발 중심지로

1970~80년대 부촌이었던 장위동에는 봉제단지가 함께 조성되며 많은 회사들이 이곳에 터를 잡았다. 대한민국 근간산업인 '섬유의류업이 이곳에서 탄생했다'고 할 정도였다. 이후 월드컵 특수를 거치며 활기를 띄기도 했지만 원자재 가격 인상과 인력 부족, 수요 감소 등으로 봉제산업 전반이 쇠퇴하면서 기업들이 문을 닫았다. 봉제 산업 이후 새로운 대체 산업이 들어오지 않으면서 주택과 함께 산업도 쇠퇴의 길을 걷게 되었다.

시간과 함께 쇠퇴하던 장위는 뉴타운 사업과 함께 다시 활기를 띄기 시작했다. 2006년 부동산 호황이 한창이던 시절 이명박 정부가 추진을 결정하면서 노후된 주택과 기반시설 정비를 목표로 건설교통부로부터 재정비촉진지구로 최종 선정되었다. 당시 전국에서 가장 큰 규모로 지정된 뉴타운 사업으로 장위동 68번지 일대는 2만 6천여 가구의 아파트를 지어 7만 3천 명을 수용하는 미니 신도시 개발로 계획했다.

하지만 2008년 말 미국 발 금융위기로 부동산 시장이 위축되면서 장위 뉴타운 사업도 브레이크가 걸리기 시작했다. 집값이 내려가는 상황에서 주민들의 부담금이 늘어갔다. "과연 이 사업이 수익성이 있는지"

에 대한 의견이 갈리며 주민들의 찬반 갈등을 이어오다 2014년 11월 일몰제로 재정비촉진지구가 해제되면서 뉴타운 계획도 함께 무너졌다.

재정비 촉진지구 때문에 건축제한이 걸리며 건축물이 급속하게 노후화됐고, 2015년 기준 20년 이상 된 건축물이 89.4%를 차지, 특히 40년 이상된 건물은 전체의 46.5%에 달했다. 11년 이상 묶여 있던 건축제한이 해제되면서 재개발을 포기하고 들어선 신축빌라와 다시 재개발 지역으로 선정돼야 한다며 버티고 있는 낡은 주택들이 지금의 장위동의 모습이다.

2021년 착공 예정인 GTX-C 노선이 광운대역에 들어올 예정이다. 강남 접근성이 높아지지만 지하철역까지 버스를 이용해야 한다는 점, 인근의 상월곡역·돌곶이역·석계역 모두 6호선인 점이 다소 아쉽다. 또 장위를 관통하는 가장 큰 도로 '돌곶이로'가 부분 확장되면서 주요 도로가 왕복 4차선 도로에 불과한 점도 과제로 남아 있다. GTX 말고도 왕십리에서 상계역을 잇는 동북선 경전철 사업이 추진되고 있는데 이 철도가 개발되면 장위12구역, 2구역은 완전한 역세권이 된다. 부동산 관계자에 따르면 "동북선이 뚫리면 가장 매력적인 곳이 장위12구역이다. 다른 지역은 버스를 이용해야 하지만 12구역은 바로 앞에 역이 생길 뿐 아니라 복합환승센터도 지으려고 한다. 지금은 주민 동의서를 받고 있는 단계지만 재개발되면 가장 호재가 될 것"이라고 한다.

옛 '드림랜드'가 헐리고 '북서울 꿈의 숲'이 조성되며 탈바꿈을 기대했지만 15년 전 개발 실패의 쓴맛에서 아직 힘겨운 싸움을 하고 있는 장위동. 개발 격차로 다소 혼란스런 모습이지만 청량리·노원 등 서울 동북권 개발과 함께 호재를 기다리고 있다.

부자들만 산다는 이촌동의 비밀

– 용산구 이촌동

한강변을 따라 늘어선 이촌동의 50년 된 맨션들은 재건축을 줄줄이 앞두고 있다. 위로는 국립중앙박물관과 전쟁기념관, 넓은 부지의 녹지공간, 남쪽엔 한강이 한눈에 들어오는 용산의 중심부에 위치한 이촌동은 용산 개발 호재까지 떠안아 더욱 미래가 주목되고 있다.

가난했던 이촌, 차별의 역사

이촌동은 원래 일제강점기까지 한강 변두리에 있던 빈민가였다. 지명이 이촌동인 이유도 '두 이(二)'가 아니라 '옮길 이(移)'라 할 정도로 주거지를 자주 옮겨야 하는 팔자의 땅이었다. 1882년 임오군란을 진압하러 온 청나라 군대가 남대문 밖 용산에 주둔했던 것을 계기로 일제강점기 때 군부대와 철도역에서 근무하는 일본인들이 주로 용산역 부근에서 거주했다.

당시 용산 땅 300여 만 평은 일본 군사기지로 조성되었는데 1912년에 이촌동과 용산 일대가 대규모 홍수 피해를 입었다. 총독부는 구용산에 제방을 건설했지만 이촌동은 제방에 포함하지 않았다. 1920년 또 한 번 홍수 피해를 입었을 때에도 총독부는 이촌동을 배제한 신용산을 제방으로 막아주겠다고 결정했다. 당시 경성부 토목과장은 화가 난 이촌동 주민들에게 "못 살겠으면 이사 가라"고 말하기도 했다. 황당했던 이촌동 주민들은 탄원서 제출과 항의 집회를 열어갔고, 국내 대형 종합 언론까지 이에 가세했다. 결국 경성부는 주민들이 공사 비용 일부를 감당하고 현장 노동을 주민들이 직접 해야 한다는 조건으로 공사 착공을 내렸다. 하지만 이 역시 총독부에서 거절 당하며 수포로 돌아가는 등 가난했던 이촌동에는 일제 강점기 시절 가슴 아픈 차별의 역사가 많았다.

완전히 딴 판이 된 동부와 서부 이촌동

한강대교를 가운데 두고 생활권이 나뉘어 있는 동부와 서부 이촌동은 이름은 같지만 지금은 전혀 다른 모습을 하고 있다. 이러한 변화의 바람이 분 것은 1967년부터다. 당시 김현옥 서울시장은 한강변 개발계획 중 하나로 이촌동 앞 한강변을 모래로 메우는 작업을 시작했다. 1967년 이촌1동에는 공유수면 매립공사 후 택지개발, 1968년 이촌2동에는 서울시공영주택 사업에 따라 중산·시영·시민 아파트가 건립됐다. 택지 개발을 한 이촌1동에는 학교, 기관 등이 들어섰고 대단지 아파트들이 함께 세워졌다.

반면 이촌2동에는 공영주택들과 일반 아파트들이 들어섰다. 이때 이촌1동이 지금의 동부이촌동, 이촌2동이 서부이촌동이 되었다. 동부이촌동에 살고 있어도 돈이 없어 아파트에 들어가지 못한 사람들은 서부로 옮겨와 판자집을 지었다. 동부에 비해 지역이 좁다는 이유로 서부는 점차 개발 계획에서 밀려나며 결국 이때부터 격차가 생기게 되었다. 당시 동부이촌동에는 우리나라 최초의 중산층 아파트인 '한강 맨션아파트'가 들어섰다. 1968년 장동운 대한주택공사 4대 총재는 일본을 따라 '하이츠'와 '맨션' 같은 고급 아파트를 한국에서 분양해야겠다고 생각했고, 이를 맡은 주공은 27평·32평·37평·51평·57평 등 주택형 24개동, 총 660가구 단지를 한강맨션에 조성했다. 당시 아파트 본 공사를 하기 전 견본주택을 건립한 것은 '한강맨션아파트'가 처음이었다.

당시 성공적인 분양과 함께 동부이촌동은 유명 영화배우와 정치인, 기업인들이 한데 모여 살며 부촌을 형성했다. 한강맨션은 지나치게 호화로운 규격이라 국영 기업체에서 사치를 조장한다는 사회적 비난을 듣기도 했지만 이후 여의도, 강남, 잠실로 중대형 아파트가 퍼지며 1970년대 이후 아파트 대형화를 주도했다.

이후 강남 개발에 다소 밀리기도 했지만 1990년대 추진된 재건축 때문에 강남 부럽지 않은 강변 부촌이 되었다. 공장 부지를 헐고 개발한 자리에 들어선 GS한강자이가 대표적이다. 2015년에는 구 렉스아파트를 재건축한 56층 초고층 아파트인 '래미안 첼리투스'가 들어서며 다시 한 번 동부이촌동의 가격 상승을 이끌었다. 이외에도 한강맨션아파트, 왕궁아파트도 재건축을 앞두고 있다. 대장 아파트격인 이 단지가 개발되면 이촌동의 몸값은 한층 더 뛸 것으로 예상된다.

한강 르네상스 개발 무산으로 무너진 서부

반면 서부이촌동은 단지별 소규모 재건축이 이뤄졌을 뿐, 대단지 지역 개발의 대상이 되지 못했다. 학교도 없는 데다 지역이 좁고 용산 정비창 부지와 맞닿아 있어 주거지 선호도가 높지 않았다. 주요 건설사들도 사업성이 낮아 보이는 서부보다는 동부를 선호했다. 2007년 8월 오세훈 당시 서울시장이 '한강 르네상스'란 이름으로 용산 부지와 서부 이촌동을 포함시켜 한꺼번에 개발 계획을 세우겠다고 발표했다. 약 57만 m^2에 달하는 초대형 프로젝트로 서부이촌동은 온 동네가 들썩였다. 집값이 한 주 사이에 억씩 올랐고, 집값과 땅값이 몇 배씩 뛰었다. 2억이었던 집이 자고 나면 억씩 올라 8억에 팔렸다고 할 정도로 한 때는 동부 이촌동을 앞지르기도 했다.

하지만 2008년 글로벌 금융위기로 민관협동형 프로젝트 파이낸싱에 문제가 생겼고 결국 건설사들이 손을 떼며 사업이 점차 쪼그라들다 2013년 백지화되고 말았다. 재개발 지역으로 묶이며 건축 제한을 받았던 터라 개발이 무산되며 서부이촌동은 침체기에 들어설 수밖에 없었다. 방치된 노후 건축물에 높은 공시지가로 세금 부담에 시달리던 주민들이 하나둘 이사를 가고 그나마 있던 상가, 식당, 택배 물류센터 등도 모두 이사를 갔다. 지금 서부이촌동에 가면 돌아다니는 사람조차 많지 않다.

정부는 2020년 5월 용산 옆 철도 정비창에 국제업무 대신 이번엔 8천 호 이상의 미니 신도시를 만들겠다고 발표했다. 그동안 쭉 놀던 땅을 개발하는 것 자체만으로 주변 개발에 속도가 날 것으로 보는 입장도 있지만 언제 진행될지 모르는 개발 공약을 두고 피해를 보는 건 결국 시민들이란 입장도 있다.

한강변 모래 벌판 위에 홍수가 나면 집터가 쓸려 내려가던 동네에서 서울 부촌의 시그니처가 되기까지 한국 부동산의 역사를 고스란히 안고 있는 곳이 바로 이촌동이다.

'개도 포르쉐를 탄다'는 개포동

- 강남구 개포동

저층 주공 아파트들이 슬럼화되며 '개도 포기한 동네'로 불렸던 개포동. 오랜 시간 수요자들의 외면을 받아온 동네에서 지금은 '개도 포르쉐를 모는 동네'의 신흥 부촌으로 주목받고 있다.

'뻘밭'은 어떻게 아파트촌으로 변했을까?

과거 개포동은 양재천의 영향으로 갯벌이었다. 하지만 이 갯벌을 개간해 사람이 살 수 있다고 해서 열 '개', 물가 '포'라는 의미의 개포동이 되었다. 풍수지리학적으로 개포동은 좋은 평가를 받는 지역은 아니다. 개포동은 배산임수(背山臨水)의 정반대인 배수임산(背水臨山) 지형이다. 북쪽(뒤)에는 양재천이 흐르고, 남쪽(앞)에는 대모산과 구룡산 두 개의 산이 버티고 서 있다. 풍수지리학적 약점에도 개포동은 그동안 '상전벽해'의 모습을 보였다.

1980년대 강남 지역의 토지구획정리사업이 어느 정도 궤도에 오르고 더 이상 대규모 택지를 찾기 힘들게 되자 개포동이 주목을 받으며 폭발적으로 개발되었다. '주택건설촉진법'에 의해 개포지구 택지개발사업이 추진되었고 개발의 '빛'을 보게 된 것이다. 이 사업은 현재 강남구 개포동, 일원동, 도곡동 일대, 서초구 우면동 일대, 경기도 과천 주암동 일대에 총 853만 4,900m²에 대규모 아파트 단지를 조성하는 계획을 포함하고 있다. 주택건설촉진법이 공공기업이 택지를 수용하고 도시설계 개념을 도입해 개발할 수 있는 기회를 주면서 개포지구의 아파트 단지는 다른 단지와 다른 모습을 띄었다. 개포지구 아파트 단지는 높은 비율의 도로, 광장, 공원, 녹지, 학교 등의 공공시설을 확보했고 덕분에 개포지역 아파트 단지는 더욱 양호한 주거 공간을 제공받을 수 있었다.

또 강남 개발에 맞춰 강북에 몰린 수요를 분산시키기 위한 방안으로 정부가 명문 고등학교들을 강남으로 대거 이전시켰다. 개포택지지구 인근에는 경기여고, 숙명여고, 중동고 등 강북의 명문고들이 들어섰고 개포동 일대는 '강남8학군'으로 불리며 인근 대치동과 함께 성장하게 되었다.

강남권 서민 아파트에서 귀족 아파트로

1990~2000년대를 지나오며 개포동은 점차 노후화되었다. 1980년대 지어진 서민 아파트들이 올라간 집값과 주변 생활환경을 따라가지 못하며 개포동을 가리켜 '개도 포기한 동네'라고 부르기도 했다. 1990년대 말부터 재건축을 하자는 주장이 나왔지만 조합 비리, 내부 주민 갈등 등 그 과정은 순탄치 않았다.

사업 승인권을 쥐고 있던 서울시와도 잡음이 상당했다. 2012년 소형주택 비율을 놓고 벌인 갈등이 대표적이다. 현행법상 서울을 기준으로 할 때 공동주택을 재건축 할 때 전용면적 60m² 이하 크기의 주택을

20% 지어야 한다. 당시 서울시 도시계획위원회가 개포 2단지 등 정비계획 심의 당시 전용면적 60m² 이하 비율을 절반까지 늘려야 한다는 의견을 내놓자 일대 주민들이 서울광장에 모여 대규모 시위를 벌였다. 당시 고 박원순 시장이 나서 "소형비율 50%는 의무가 아니다"라고 밝혀 갈등이 일단 봉합되기도 했다.

또 서울시의 '한 동 남기기'로 인한 갈등도 있었다. 서울시는 지난 2012년 6월 '근현대 유산의 미래유산화 기본 구상'을 내놓으면서 아파트 등을 유산으로 관리하겠다고 밝혔다. 도시의 기억을 보존하려는 움직임은 세계적인 추세며 강남의 아파트는 지나간 역사를 볼 수 있는 중요한 자료이자 유산이라는 의도에서 진행되는 작업이라 설명했다. 이로 인해 개포지구 재건축 단지 중 주공 4단지 429동을 서울시가 유지·관리하고 내부를 역사박물관 등으로 바꾸겠다고 밝혀 논란이 되기도 했다.

하지만 재건축이 결정된 이후 개포동 아파트 단지 집값은 천정부지로 뛰었다. 1982년 개포주공 1단지의 전용면적 56m² 아파트 값은 평당 60만 원 초반이었다. 하지만 2024년 입주 예정인 디에이치퍼스티어아이파크의 평균 분양가는 평당 4,750만 원으로 약 80배 가까이 뛰었다. 2016년부터 시작된 재건축 붐으로 개포동 대부분이 재건축이나 리모델링에 들어갔거나 완료되었다. 가장 먼저 재건축이 시작된 구역은 개포동과 행정구역은 다르지만 개포택지지구로 묶여 있는 일원동 현대아파트다. 이곳은 삼성물산이 시공을 맡아 '래미안루체하임'이라는 이름으로 이미 지난 2018년 11월 입주를 마쳤다. 개포 2단지와 3단지에도 각각 1,957가구, 1320가구 규모로 래미안 블레스티지와 디에

이치아너힐스가 지어져 입주를 완료했다. 8단지 구역의 디에이치자이 개포도 2021년 7월 입주를 시작했다. 여러 단지들 가운데서도 가장 눈길을 끄는 곳은 단연 6,702세대의 개포 1단지 '디에이치 퍼스티어 아이파크'다. 강남 최대 규모 분양으로 1순위에 1,135명을 모집하는데, 2만 5,991명이 신청했고 평균 경쟁률로는 22.8대 1를 기록했다. 일반공급으로는 전용 59m² 이하의 소형 혹은 112m²의 대형에서만 청약을 받았는데 대형으로 청약 쏠림이 두드러졌다. 46가구를 모집하는 전용 112m²에 7,173명이 신청해 155.9대 1의 경쟁률을 보였다. 특별공급에서는 100가구를 선정하는데 2,208명, 67가구가 배정되는 신혼부부에는 1,720명이 몰리면서 인기를 과시했다.

최근 개포동을 '강남 중의 강남'으로 만든 요인 중에 교통 입지를 빼놓을 수는 없다. 개포동 인근에 지하철 분당선 구룡역, 개포동역, 대모산입구역을 품고 있다. 이 때문에 강남 도심과 멀리 왕십리까지의 이동성이 높다. 이에 더해 강북 도심으로 이어지는 지하철 3호선 매봉역과 도곡역을 도보 15분 이내에 이용할 수 있다는 점도 큰 장점이다. 처음 이곳에 분당선이 놓이며 세 곳의 역사가 지어질 때 대표적인 '핌피현상'으로 불리며 '강남리 마을전철'이라는 좋지 않은 별명이 붙기도 했다. 개포동 재건축 단지의 교통 입지는 행정동 별로 차이가 심한 편이다. 개포 2·3·4·5·6·7단지를 포함하는 개포 2동이 1동·4동에 비해 교통편을 이용하기가 보다 수월하다. 또한 개포지구 모든 단지의 재건축이 완료된 이후 늘어난 인구를 현재 교통편이 감당할 수 있을지는 미지수다.

'한강변 놀이터' 성수동의 변신

- 성동구 성수동

성수동은 한강과 중랑천이 만나는 곳, 압구정과 청담을 마주보는 한강변에 위치해 있다. 예전부터 한강 수위가 오르고 중랑천 물이 넘치면 성수동 일대가 물에 잠기곤 했는데 그때 만들어진 일시적인 섬이 바로 뚝섬이다. 성수는 1970~1980년대 사람들의 한강변 피서지에서 지금은 갤러리아포레와 트리마제가 들어선 핫플로 변신했다.

말과 역사를 함께한 한강변 놀이터

성수동은 예전부터 '말'과 역사를 함께한 지역이었다. 말 목축을 금지시켰던 병자호란 이전 성수에는 전국에서 가장 큰 말 목축장이 있었다. 당시 임금은 지금의 천주교회 터에 있었던 성덕정에서 말을 기르는 것과 군대의 훈련을 지켜보았는데 성덕정은 비교적 높은 둔덕으로 홍수가 나면 사람들이 대피 장소로 쓰이기도 했다. 성수동이란 이름도 이 성덕정(聖德亭)과 수원지(水源地)의 머리음을 따서 만들어졌다. 왕의 군마 시찰과 말을 놓아 먹이는 낙천정(자양동), 화양정(화양리)이 근처에 있었고 말고기를 파는 골목도 있었다.

1922년에는 조선경마구락부가 발족되었다. 조선경마구락부는 경마의 공정한 시행과 원활한 보급, 마사의 진흥과 축산 발전 기여를 목적으로 생겼는데 그해 5월 우리나라에 처음으로 경마가 보급되었다. 1928년에는 신설동에 경마장이 개장됐는데 조선경마구락부는 2년 뒤인 1930년 뚝섬을 경마장으로 쓰기 위해 일찍이 땅을 매입했다. 6.25 전쟁 후 신설동 경마장이 폐허가 되면서 땅을 쓸 수 없게 되자 한국마사회(경마구락부 이름 변경)는 휴전 협정 다음 날인 1953년 7월 28일부터 본격적으로 경마장 공사를 시작했고, 1954년 5월 8일 뚝섬에 경마장을 열었다.

1968년 박정희 전 대통령은 경마장 가운데 채소밭으로 쓰던 땅을 골프장으로 개조하라고 지시했다. 그렇게 생겨난 뚝섬 골프장은 당시 초보 골퍼들이 정규 골프장에 입문하기 전 실력을 키우기 위해 거쳐가는 코스였다고 한다.

35년 간 꾸준히 시민들의 사랑을 받아오던 경마장은 1989년 지금의 과천 경마장 개장과 함께 문을 닫았다. 골프장은 서울시의 '서울숲' 조성 프로젝트로 5년 뒤인 1994년 문을 닫으며 서울숲 내 가족공원으로 변신했다.

성수동이 '힙스터의 성지'로 변신한 이유

성수는 '민자 1호 산업단지'로 불리던 중소기업의 요람이었다. 과거 성수동에 공장이 많았던 이유는 바로 3공화국 정부가 "공업화만이 살 길"이라고 외치며 을지로, 종로 등 도심과 가까운 성수에 공장 밀집 지역을 조성했기 때문이다.

6.25 전쟁 직후 채소밭이었던 이곳은 직원 수 5~30명 정도의 제조

업체 2,900여 개가 옹기종기 모여 둥지를 틀었다. 50년 간 밤낮없이 기계가 돌아가고 공업단지 주변에 아파트들도 들어서며 일종의 '성수 공단'으로 변모하게 되었다. "상업시설과 주거시설이 혼재돼 있어 서울에서 제조업하기 이만한 곳도 드물다", "다리만 건너면 강남이고, 강변북로 내부순환로가 근접해 교통이 좋다" 등 장점이 많았지만 1970년대 말 구로공단, 반월공단이 생기며 기계공장, 철공소 등이 하나 둘 성수동을 떠나기 시작했다. 비싼 인건비과 임대료 때문이었는데 당시 성수 공장부지 분양가는 구로동보다 10~20% 비싼 평당 450~500만 원이었다.

성수공단에 다시 변화의 바람이 분 것은 1990년대 후반 벤처기업이 속속 입주하면서부터다. 을지로 등에서 넘어온 인쇄 업체와 알짜 중견 제조업체가 입주하며 성수는 블루칼라와 화이트칼라가 섞인 '도시형 밸리'로 변신했다. 공장의 외형도 '아파트형 공장'으로 변신하며 건물도 기존 2~3층에서 10여 층으로 높아졌다. 서울의 대표 '준 공업지역(공업+주거)'인 영등포·구로·성수 중에서도 민간 주도로 가장 활력 있는 변화를 겪은 동네가 바로 성수다. 성수는 또다시 새로운 활기를 맞이하고 있다. 기존 성수에 있던 '테크노', '제지' 등 벤처, 인쇄 기술들이 떠나면서 빈 공장부지가 복합문화공간 개조되는 등 젊은이들이 창업 열풍을 일으켰기 때문이다. 이들의 자생적인 노력으로 낡고 칙칙했던 성수는 조금씩 반짝이고 트렌디한 지역으로 변했다.

커피계의 애플로 불리던 '블루보틀'도 상업의 중심인 강남이 아닌 성수에 1호점을 냈다. 대림창고나 어니언 등의 상점들은 공장과 상가의 외관은 그대로 유지한 채 독특한 아이디어로 내부를 개조해 골목의 편안한 분위기를 그대로 살려냈다. 지금 성수동을 가면 1980년대의 낡은 골목을 걷는 듯 하지만 홍대, 연남동에 온 듯한 활기차고 세련됨을 느낄 수 있다. 최근에는 공신닷컴, 마리몬드 등 신생기업과 큐브엔터테인먼트 등 연예기획사도 이곳에 둥지를 틀며 성수의 색깔을 조금씩 바꿔가고 있다.

가파른 집값 상승세, 성수동의 비상

성수동은 뉴타운 후보지로 거론되다가 2007년 서울시 '한강 르네상스' 사업의 일환으로 '전략정비구역'으로 지정되었다. 당시 서울시는 전략정비구역 다섯 곳과 유도정비구역 다섯 곳을 한강변에 지정했는데 추후 성수동만 제외하고 나머지 아홉 곳이 모두 중도 취소되는 바람에 성수동은 서울에서 유일하게 개발의 혜택을 보았다. 한강 르네상스의 포문을 열었던 갤러리아포레는 한화건설이 갤러리아백화점의 고급 이미지를 차용해 2008년부터 분양한 주상복합아파트다. 최고층 45층, 최고 높이가 172m로 처음부터 현금자산 100억 원 이상, 연간 백화점 쇼핑 금액 1억 원 이상, 서울옥션(미술품 경매) VIP 고객을 주 고객으로 삼았다. 2008년 2월 3.3m^2당 분양가가 평균 4,390만 원이었고, 2011년 7월 입주 당시 펜트하우스 분양가 52억 원은 10년 간 분양가 1위를 기록하기도 했다.

2007년 지정된 성수전략정비구역은 전체 53만 399m^2 면적을 4개 지구로 나눠 추진되었다. 2009년 제1종 지구단위계획구역으로 지정되며 총 8,200여 가구에 최고 50층까지 아파트를 건축할 수 있는 근거가 마련되었다. 당시 성수동 개발 조감도를 보면 좌측의 트리마제를 시작으로 오른쪽 한강변에 높은 건축물들이 나란히 들어선 모습을 볼 수 있다. 하지만 건축심의 단계에서 막혀 개발을 중단했다 2011년 지구단위계획이 변경되면서 네 개 지구 각각 개별 정비구역으로 재지정되었다. 사업 난항으로 무산됐던 용산 개발과 달리 성수전략정비구역은 아주 느린 속도로 사업을 진행해오다 2016년 8월 트리마제 입주와 함께 사업성이 높아지며 정비사업에 더욱 속도를 내고 있다. 다시 커진 사업 기대감에 성수동은 집값뿐 아니라 땅값도 상승세를 보이며 지난해 국토부가 발표한 표준지 공시지가가 연 평균 20% 이상 오르기도 했다.

갤러리아포레와 함께 성수의 몸값을 이끈 트리마제는 원래 지역주택조합이었다. 조합원들이 꼬박꼬박 땅을 사서 모아 조합설립인가를 얻었고, '서울숲 두산위브'란 이름까지 만들었다. 하지만 막판에 토지 매입이 순조롭지 않았고 사업이 지연되면서 늘어나는 금융 비용 때문에 결국 사업부지가 공매로 넘어갔다. 이후 두산중공업이 사업부지에 대한 소유권을 갖고 택지를 비싸게 매입했다. 2014년 두산중공업이 시공하고 한양개발이 분양한 트리마제는 평당 3,900만 원이란 높은 가격으로 169세대가 미분양되었지만 꾸준히 매수되며 2017년 완판되었다.

직장인 홀리는 황금 입지에 들썩이는 당산동

– 영등포구 당산동

당산동은 한강과 맞닿아 있는 당산 2동과 영등포구청, 영등포경찰서 등 관공서를 품고 있는 당산 1동으로 이뤄진 지역이다. 당산역(지하철 2·9호선)과 영등포구청역(지하철 2·5호선)을 끼고 있어 서울에서도 인구 유입이 활발한 곳으로 손꼽힌다. 버스, 지하철, 올림픽대로의 자동차 등 여러 교통수단이 한데 모이는 서울 서남권 교통 중심지이자 신흥 주거지로 당산동이 주목받고 있다.

굿하던 동네에서 공업·군사지역으로

불과 100여 년 전만 해도 당산동은 '동제당(洞祭堂)'에서 당제를 지내는 '당산(堂山)'골이라는 이름의 작은 마을이었다. '당산동 부군당'이라고 알려진 당집은 1450년에 건립, 현재 당산역 동쪽 삼성래미안 1차 아파트 근처에 있다. 이곳에서는 마을의 안녕과 풍요를 위해 매년 음력 10월 1일 무당굿 형식의 마을 제사를 지내는데, 이것을 '당산동 부군당굿'이라고 한다.

부군당 옆에는 당산동을 수호한다고 알려진 '신목'(神木) 은행나무가 우뚝 서 있다. 이 은행나무에는 흥미로운 이야기 하나가 전해지는데 조선 초 어느 임금이 언덕을 지나다가 쉬었던 기념으로 은행나무 두 그루를 심었다고 한다. 이후 한강 물이 범람할 때마다 이 은행나무는 사람들을 목숨을 살려주었다. 다른 당산동 지역보다 이곳의 지대가 높아 홍수 때에도 물이 넘치지 않았고 1920년대 대홍수 때도 사람들은 은행나무에 매달려 살 수 있었다고 한다. 후대 사람들은 이 나무를 마을의 안녕과 나라를 지키는 수호신으로 삼아 제사를 지냈다. 이곳의 은행나무는 한국전쟁 중 한 그루가 소실돼 한 그루만 남게 되었는데 마을 주민들이 약 30년 전 행정당국에 건의해 한 그루를 다시 심어 현재는 두 그루 은행나무가 나란히 서 있다.

당산동 지명의 유래에는 한 가지 이야기가 더 존재한다. 당산동은 해당화의 '당'자를 써서 '당산(棠山)'으로 불리기도 했다. 조선 후기 영조 때 읍지를 모아 편찬한 『여지도서(輿地圖書)』에 따르면 이 지역은 해당화가 많아서 당산마을로 불렸다고 한다.

일제강점기였던 1912년부터 당산동을 비롯해 문래동 일대에 피혁, 방적, 기계, 맥주 등 각종 공장이 들어서기 시작했다. 이 시절 당산동에 있었던 공업시설 중 가장 유명한 곳은 '조선피혁주식회사'다. 1911년 당산동에 자리 잡은 이 회사는 일본인이 세운 곳으로 주로 일본군에 보급되던 군수용 피혁제품을 만들었다. 당시 조선에 풍부했던 소가죽을 활용해 청일·러일 전쟁으로 증가한 피혁 수요를 맞추기 위함이었다. 원래 이 회사는 경성(당시 서울) 시가지와 가까운 용산을 공장부지로 생각하고 있었는데 당시 데라우치 총독이 "용산은 장차 시가지가 될 테니 영등포를 생각해보라"고 설득했고, 결국 영등포 안에서도 지대가 높아 수해 염려가 적은 당산리에 공장이 들어서게 되었다.

조선피혁주식회사가 당산동에 세워지면서 이곳에는 영등포역에서 분기한 철도인입선이 들어왔다. 철도인입선은 특정한 공장이나 시설을 위해 일반 철도에서 선로를 분기시켜 해당 시설까지 연장시킨 것이다. 당시 경부·경인선의 중요한 분기점이었던 영등포역의 편리성이 높아지면서 현대 공업지역으로 부상하는 데에 큰 역할을 했다. 당산동이 주요 공업지대로 부상하는 데에는 경인로의 역할도 컸다. 인천에서 부평과 부천을 거쳐 당산동에 이르는 경인로는 주요 공업지대를 연결하는 통로였다. 해방 후 본격적인 중공업 투자가 이루어지기 전까지 당산동 일대는 한국 공업화의 상징인 경인공업지대의 서울 쪽 끝단이었다.

주거지역으로 변신, 앞으로도 호재

공업지역 색깔이 강했던 당산동이 주거지역으로 변하기 시작한 계기는 과거 조선피혁주식회사 자리에 '강남맨션'이 들어서면서 부터다. 강남맨션은 1974년 준공된 아파트로 26개동에 지상 5층, 지하 1층짜리 아파트 단지다. 강남맨션은 금강산업과 진흥기업이 힘을 합쳐 조선피혁주식회사로부터 부지 2만 2,356평을 매입하고, 총 공사비 54억 원을 들여 순수한 민간 자본으로 건설했다. 대형 평수가 많아 부자들이 사는 아파트로 유명했던 강남맨션 자리에는 현재 재건축 아파트 단지인 당산래미안4차 아파트가 들어섰다. 강남맨션을 신호탄으로 당산역 주변에 현대, 유원제일1·2차 아파트 등 각종 아파트 단지들이 속속 들어섰고 그 주위로 연립, 단독주택들도 만들어졌다.

당산동이 단순 경공업 지역을 벗어날 수 있었던 데에는 지하철 2호선 당산역의 역할이 컸다. 당산역은 1980년 10월에 개통된 8km에 달하는 신설동에서 종합운동장까지의 최초 구간에는 포함되지 않았다. 하지만 1983년 구간이 연장되면서 당산역도 함께 문을 열었다. 강남과 강북 중심을 순환하는 2호선이 개통되면서 도심으로의 접근성이 강화되어 지금도 당산동은 지하철을 이용해 서울의 3대 업무지구인 광화문~서울역 중심업무지구(CBD)·여의도 업무지구(YBD)·강남업무지구(GBD)를 30분 내로 이동할 수 있는 교통 요충지다. 2호선 개통 이후 사람들이 당산동으로 자연스레 모여들면서 강남과 구도심을 대체할 주거지로 각광받게 되었다.

2020년 당산동은 2030 직장인들이 선호하는 주거지 중 한 곳으로 자리 잡았다. 2030 직장인들은 당산동의 직주근접성과 더불어 '몰세권'에 주목했다. 당산동 일대에는 코스트코 양평점, 롯데마트 양평점, 빅마켓 영등포점 등 총 10개의 대형마트가 있다. 2020년 5월, 당산동에 16년 만에 새 아파트인 당산센트럴아이파크가 입주를 시작하며 지역이 들썩였다. 지난 2018년 3월 일반분양 당시 평균 79.9대 1의 청약경쟁률을 기록할 정도로 큰 인기를 끌었던 단지로 최초 분양 당시 7~8억 원대에 공급되었지만 불과 2년 만에 시세가 두 배가량 뛰었다.

당산의 집값 상승에는 몇 가지 요인이 있다. 당산역에서 시작해 양천구 목동 지역을 잇는 목동선 경전철의 2022년 착공, 당산역이 속한 영등포구를 광화문·강남 일대와 더불어 '서울 3대 도심'으로 개발하려는 서울시의 계획, 당산역 부근 올림픽대로에 조성되는 첫 광역버스 환승정류장 등 호재 덕분이다. 거기에 재건축 단지들이 속속 등장하면서 당산동 집값 상승을 부채질하고 있다.

영화 '기생충'의 배경지, 아현동의 과거를 아시나요?

– 마포구 아현동

아현동은 마포구 동북쪽에 위치해 북쪽으로는 서대문구, 동쪽으로는 용산을 끼고 있다. 공덕역, 애오개역, 아현역, 이대역은 물론 한강과 맞닿아 있어 서울 교통 요충지로 손꼽힌다. 2014년 완공된 마포 래미안 푸르지오의 등장으로 지금은 살기 좋은 동네로 탈바꿈했지만 과거 아현동은 매우 다른 모습이었다. '마누라 없이는 살아도 장화 없으면 못 사는 곳'이라는 말이 있을 정도로 밤이면 분변 악취로 잠 못 이루는 곳이었다고. 숨 넘어가는 언덕배기를 매일 오르내려야 하는 판잣집들이 콩나물 시루처럼 들어차 장화를 신지 않으면 발을 다칠 만큼 도로 사정이 열악했다.

묘지터에서 '웨딩의 메카'로 꼽히기까지

'애오개'는 '마포로 넘어가는 고개의 모양이 마치 아기를 업은 엄마의 모습과 닮았다'는 의미다. 또한 '아이들의 무덤이 많은 언덕'이라는 뜻도 있다. 애오개를 한자로 풀면 '아현'이 된다. 조선시대 아현동은 묘지터로 사용되었다. 옛날 한성부에서 서소문을 지나 시체를 지나가게 했는데 바로 앞에 있는 언덕인 고개를 지나서 어른과 아이 시체를 묻게

했다. 1931년 일제는 서울의 미화 사업 목적으로 아현동을 '집단수용지'로 선정, 도심의 빈민들을 이곳에 강제 이주시켰다. 원래부터 빈민이 많이 살았고, 지리적으로 고개가 높아 통행이 불편하고 조선 후기부터 성안 백성들의 시체를 매장하던 묘지 터로 쓰였기 때문이었다.

광복과 6.25 전쟁을 거치며 아현동 일대는 많은 피난민과 이농민이 집중되기 시작했다. 당시 아현은 마포나루를 끼고 있고, 전차의 종점인 '마포종점'이 위치해 많은 외지 사람들이 오가던 곳이었다. 또 '물건이 처음으로 들어온다'는 뜻의 '선통물천'이란 기다란 하천이 있는데 이곳을 통해 많은 피난민과 지방민의 이동, 상업이 활발하게 이루어졌다. 덕분에 많은 사람들이 모여들었고 약 8평 남짓한 비좁은 공간에 더 이상 집이 들어설 수 없을 만큼 판잣집이 빽빽하게 들어차며 아현동 일대를 형성했다. 서울 시내와도 가깝고, 사람이 많아 일자리를 구하기 쉽다는 점도 아현동에 계속해서 사람들이 모이게 된 이유였다.

아현동 일대는 1960년대부터 서울시 도시정비사업으로 대대적인 도로정비사업이 시작되었다. 1978년 마포로가 넓혀지고 버스가 주요 교통수단으로 자리잡으며 용마로, 신촌로타리, 공덕동로타리가 생겼다. 또 불량주택재개발지구로 지정되어 무허가 건물을 철거하고 상하수도 건설과 석축공사, 도로 포장 등이 이뤄졌다. 개발과 함께 삶의 질이 조금씩 개선되면서 판자촌, 단독 다세대 주택, 연립주택, 아파트 단지가 뒤섞이게 되었다.

아현동의 개발과 함께 아현동 상업지구는 1970~1980년대 전성기를 맞이한다. 수많은 인구와 함께 결혼, 이사 등이 잦아지며 웨딩타운과 가구거리가 조성되었다. 아현동 웨딩타운은 1975~1980년대 사이에 생기기 시작해 1990년대에는 약 100곳이 넘는 웨딩 점포가 생기며 화려한 전성기를 보냈다. 추후 청담동에 웨딩거리가 들어서기 전까지 이곳은 '웨딩의 메카'였다. 또 아현 고가도로를 따라 북아현동, 아현동에 자연스레 가구거리도 생겼다 '서울 가구거리의 원조'로 불리는 아현동 가구거리는 저렴한 가격대의 가구를 파는 가구점들이 몰려 신혼부부가 웨딩 상점에 이어서 방문하는 최적의 장소로 각광받았다.

하지만 아현 뉴타운 사업이 추진되고 난 이후 점차 쇠퇴의 길을 걷게 된다. 재개발 추진으로 언제 헐릴지 모르는 집에 새로운 인구가 유입되지 않았고, 집수리가 줄자 설비 가게를 포함한 많은 상점이 상업적 기능을 점차 잃어갔다. 대다수의 가게들이 문을 닫고 외지로 옮겨갔으며 지금은 옹기종기 모여 있는 소수의 건물들이 버팀목 역할을 하고 있다.

가난했던 아현에서 '마용성'을 이끄는 중심으로

아현동은 1980년대 말 강남개발과 함께 진행된 서울 아파트 붐을 비껴가며 오랜 시간 주택촌으로 남아 있었다. 아파트는 들어설 수 없다고 판단하고 주택을 짓기 시작했는데 땅을 파면 해골이 무더기로 나왔다고 한다. 대표적인 곳이 산7~8번지다. 언덕빼기 꼭대기에 있었던 산7번지에는 1970년대 호박밭이 있었는데 동네에 불량배가 많아 인근 지역에서 악명을 떨쳤으며 경찰서에 끌려가도 '산 7번지'에 산다고 말하면 '빰 한 번 더 맞았다'는 이야기가 전해지기도 한다.

2008년 '아현 뉴타운' 개발 공사를 시작하며 대대적으로 철거작업을 진행되었다. 무려 3천 세대가 넘는 아파트가 들어서게 되는데 바로 '마포 래미안 푸르지오'다. 아현의 새 바람을 불어넣은 마래푸 덕분에 아현동은 주변 개발도 속도를 내고 있다. 산7번지와 함께 가난했던 아현을 상징했던 또 다른 곳은 아현1동 699번지다. 이곳은 영화 '기생충'에 등장하며 세계적으로 주목받은 슬럼화된 동네다.

애오개역과 충정로역 사이에 위치한 아현1동은 지속적인 재개발 사업 사이에서 홀로 개발되지 않으며 일제강점기 때부터 그 모습 그대로를 유지해오고 있다. 현재 이 지역에 사는 집주인들은 40년 이상 살아온 사람들로 대다수가 외부에 나가 살고 있으며, 정주하는 주민들도 대부분 직업이 없는 상태다.

아현1동은 지난 2007년 아현 뉴타운 개발지로 선정됐지만 그동안 주민 동의율을 끌어올리는데 시간을 끌어오다 최근 본격적으로 사업을 추진할 준비를 하고 있다. 마포구 아현 뉴타운은 총 1~4구역에 약 1만 300여 세대가 들어설 계획이다. 아현3구역(마래푸)이 2014년 1차로 완공됐고, 이후 아현 4구역(공덕자이)이 2015년에 완공되었다. 이후 아현 1~3구역에 아현 아이파크가 2017년 들어서며 순차적으로 완공을 마쳤다. 현재는 아현2구역과 아현1구역만을 남겨두고 있는데 아현 2구역은 그동안 조합원과 개발사간 사건사고가 많았다가 최근 사업 속도에 박차를 가하고 있다.

특이한 점은 이곳에서는 토지 지분이 없는 건축물 소유자도 조합원 자격을 부여받았다는 점이다. 예전부터 판자촌이 들어섰던 지역이다 보니 땅 주인은 없지만 건축물을 짓고 살던 사람이 많았기 때문이다. 아현2구역은 조합원 세대수 1,232세대, 일반분양 45세대, 임대 142세대로 총 1,419세대의 건립을 계획하고 있다. 2019년 8월에 착공신고를 하고 HDC와 SK건설이 컨소시엄을 이뤄 2023년 입주를 목표로 아파트를 짓고 있다. 아현1구역(아현 699번지 일대)는 2020년 8월 주민 67.4%의 동의로 정비구역 지정 요건인 66.7%를 넘어서 본격적인 후속 절차에 돌입했다. 약 10만여 m^2의 면적에 3,300여 가구가 들어서기로 했던 계획에 따라 아현1-1, 1-2, 1-3으로 지정됐고, 이중 아현1-3지역은 2017년 '아현 아이파크'로 개발돼 입주가 이뤄졌다. 1-1구역과 1-2구역은 정비구역에서 해제됐다가 주민들의 요청으로 아현1구역으로 통합해 재개발을 추진하고 있다. 프리미엄만 8억 원이며 초기 투자금이 10억 원이 넘는 상태다. 북아현뉴타운은 1구역(1-1구역, 1-2구역, 1-3구역), 2구역, 3구역 총 5개 구역으로 약 89만 9,300m^2 부지에 약 1만 2,000여 가구 규모의 새 아파트가 들어선다. 이미 1-2구역(아현역푸르지오 940세대), 1-3구역(신촌 이편한세상 1,910세대)은 완공해 입주를 마쳤고, 1-1구역(북아현 힐스테이트 1,226세대) 역시 우여곡절 끝에 2020년 8월 입주를 시작했다. 그 외 북아현 2구역 2,274세대, 북아현 3구역은 4,569세대로 사업시행인가를 받아 자이, 롯데캐슬, 래미안, e편한세상이 들어설 예정이다.

아현과 북아현의 뉴타운 공사가 끝나면 아현의 모습은 뒤바뀌어 있을 것이다. 사람이 묻히고, 결혼하고, 태어나며 수많은 서민들의 친구가 되어줬던 땅, 아현동. 이제는 대단지 아파트와 함께 더 많은 사람들을 품어줄 아현동이 기대된다.

Q &A

가장 궁금한 부동산 질문과 답

임대차3법 관련

Q. 계약갱신요구권의 행사는 언제부터 할 수 있나요?

A. 임차인은 임대차계약 기간이 끝나기 6개월 전부터 1개월 전까지 계약갱신요구권을 행사할 수 있다. 1개월 전까지의 기간을 계산할 때에는 초일불산입원칙에 따라 계약 만료일 1개월 전에 해당하는 날의 0시 전까지 임대인에게 계약갱신의 의사를 전달해야 한다. 2020년 12월 10일 이후 최초로 체결되거나 갱신된 임대차계약의 경우 임대차 기간이 끝나기 6개월 전부터 2개월 전까지 계약갱신요구권을 행사해야 한다.

Q. 4년 이상 임차 거주 중인데, 계약갱신요구권을 행사할 수 있나요?

A. 개정법률은 1회에 한하여 기존의 계약을 2년 연장할 수 있도록 갱신요구권을 부여하는 것이지 최대 4년의 주거를 보장하는 내용은 아니다. 따라서, 연장 계약·묵시적 갱신 등의 사유로 이미 4년 이상 거주했더라도 현재 임대차계약 만료 6개월 전부터 1개월 전까지 갱신을 요구할 수 있다.

Q. 묵시적 갱신도 갱신요구권 행사로 볼 수 있나요?

A. 계약이 묵시적으로 갱신된 경우에는 갱신요구권 행사로 보지 않는다. 계약갱신요구권 행사는 해당 권리를 행사한다는 명확한 의사 표시를 한 경우에만 인정된다. 묵시적 갱신은 임대인, 임차인이 기존 계약을 종료하거나 조건을 변경한다는 등의 통지를 하지 않은 경우 기존의 임대차와 동일한 조건으로 다시 임대차가 이루어진 것으로 보는 제도다.

Q. 임차인이 계약 만료 기간에 맞추어 나가기로 했으나, 이를 번복하고 계약갱신요구권을 행사할 수 있나요?

A. 임차인이 계약 만료 기간에 맞추어 나가기로 사전에 합의하였더라도, 6개월 전부터 1개월 전까지 임대인에게 계약갱신을 요구(5% 범위 이내 증액)할 수 있다.

Q. 계약갱신요구권 행사 시 임차인은 무조건 2년을 거주해야 하나요?

A. 계약갱신요구권 행사에 따라 갱신되는 임대차의 존속 기간은 2년으로 보지만, 임차인은 언제든지 임대인에게 해지를 통보할 수 있다. 다만, 해지의 효력은 임대인이 그 통지를 받은 날부터 3개월 후에 발생한다. 임차인은 계약 해지를 통보하더라도 계약만료 전이라면 3개월간 임대료를 납부해야 한다.

Q. 계약갱신요구권 행사 시 전세에서 월세 전환이 가능한가요?

A. 개정법률상 갱신되는 임대차는 전 임대차와 동일한 조건으로 다시 계약된 것으로 임차인의 동의 없이 전세에서 월세 전환은 곤란하다. 다만 동의하에 보증금의 전부 또는 일부를 월 단위 차임으로 전환하는 경우에는 전환되는 금액에 10%와 기준금리+3.5% 중 낮은 비율을 곱한 월차임의 범위를 초과하지 않는 범위 내에서 정할 수 있다.

청약 제도

Q. 배우자 명의의 집을 결혼 전 처분했는데 이 경우 무주택기간은 어떻게 계산하나요?

A. 주택 공급 신청자 또는 배우자가 주택을 소유한 사실이 있는 경우에는 그 주택을 처분한 후 무주택자가 된 날(2회 이상 주택을 소유한 사실이 있는 경우에는 최근에 무주택자가 된 날을 말한다)부터 무주택 기간을 산정한다. 그런데 청약 신청자의 배우자가 결혼을 하기 전에 소유 주택을 처분했다고 하면, 처분한 주택은 주택 소유 기간에 포함되지 않기 때문에 청약 신청자의 주택 소유 여부에 따라 무주택 기간을 계산하면 된다.

Q. 당첨자 발표일이 서로 다른 아파트가 있을 경우 두 아파트 모두 청약할 수 있나요?

A. 청약할 수 있다. 하지만 2개 이상의 아파트에 동시 당첨된 경우, 당첨자 발표일이 빠른 아파트의 당첨이 유효하다(당첨자 선택권 없음). 당첨자 발표일이 서로 같은 아파트에 복

수로 청약을 신청할 경우에는 모든 청약 신청이 무효처리 된다. 서로 다른 아파트에 각각 청약하는 경우도 포함된다. 단, 동일 아파트 내 특별공급 및 일반공급에 각각 청약은 가능하다.

Q. 배우자의 소득 합산 오류로 공공분양 아파트 당첨이 취소된 경우 다른 아파트 당첨이 제한되나요?

A. 부적격 당첨자의 경우에는 공급을 신청하려는 주택의 입주자 모집 공고일을 기준으로 당첨일부터 수도권은 1년, 수도권 외의 지역은 6개월(투기과열지구 및 청약과열지역은 1년), 위축지역은 3개월 동안 해당 지역에서 입주자로 선정될 수 없다.

Q. 과거 아파트 당첨 사실이 있는데 청약통장에 신규 가입하면 1순위가 될 수 있나요?

A. 1순위 청약 신청 자격이 되면 가능하다. 청약통장을 사용하여 분양주택 또는 분양전환공공임대주택의 입주자로 선정된 경우, 동일한 통장으로 다른 주택에 청약할 수 없다. 과거 당첨된 청약통장을 해지한 후 신규 가입해야 한다.

청약통장 관련

Q. 청약통장은 일찍 만들수록 유리한가요?

A. 납입 기간과 납입 금액, 횟수를 인정받는 건 각각 최대 2년, 납입 횟수 24회만 인정된다. 일찍 가입해서 기간을 인정받고 싶다면 만 17세에 가입하는 것이 좋다.

Q. 청약 한 달에 얼마씩 넣는 게 좋나요?

A. 청약예금은 납입 금액, 횟수와 기간이 중요하다. 2만 원부터 50만 원까지 넣을 수 있지만 10만 원 정도를 꾸준하게 넣는 것이 여러 가지 주택 유형 신청에 유리하다.

Q. 금액을 일정하게 넣어야 하나요? 여유 있을 때 많이 넣는 게 좋나요?

A. 국민주택은 예치 금액 기준 없이 납입 횟수와 총 납입액이 중요하다. 1회 인정되는 한 달 최대 납입금은 10

만 원까지로 매월 연체 없이 10만 원씩을 꾸준히 불입하는 것이 유리하다. 민영주택은 가입 기간과 면적별 예치 금액이 중요하다. 최초로 민영주택 청약을 신청하기 전까지 지역별 예치 금액을 기준으로 공급받을 수 있는 주택의 면적을 선택해야 한다.

Q. 급하게 돈이 필요해서 청약통장을 해지하려는데, 다른 방법은 없나요?

A. 청약통장은 깨면 다시 가입할 기간이나 금액을 인정받지 못하기 때문에 해지하지 않는 게 좋다. 정말 돈이 급하다면 청약통장의 예금을 담보로 대출받을 수 있는 '청약(통장)담보대출'을 이용하자. 중도 상환 수수료가 없어서 목돈이 필요할 때 유리하다.

Q. 1주택 청약자인데 청약통장 가지고 있는 게 좋을까요?

A. 보유하는 게 좋다. 한 번 해지하면 청약가점상 통장 가입 기간 점수가 0점이 되기에 특별한 이유가 아니면 계속 유지하는 것이 좋다. 투기과열지구에서는 예비 당첨자 비중이 5배수까지 올라가므로 통장을 갖고 있는 게 유리하다.

Q. 주택청약 종합저축으로 소득를 공제받을 수 있나요?

A. 연소득 7천만 원 이하 근로자, 무주택자(과세연도 기간 중), 세대주. 세 가지 조건만 갖추면 가능하다. 가입한 은행에 방문해 주민등록등본, 신분증을 제출하고 무주택자임을 등록해야 한다. 무주택확인서와 주택청약종합저축 납입 증명서를 연말 정산 시 회사(국세청)에 제출하면 납입금액의 40%(96만 원 한도) 최대 240만 원까지 공제받을 수 있다.

Q. 청약통장의 종류 변경은 가능한가요?

A. 청약통장의 종류 변경은 다음의 두 가지 경우에 가능하다.

①청약저축→청약예금: 납입 인정 금액이 지역별 청약예금 예치 금액 이상인 계좌의 경우 해당 주택 규모의 청약예금으로 변경 가능하다.

②청약부금→청약예금: 청약부금에 가입한 후 납입 인정 금액이 지역별

$85m^2$ 이하 청약예금 예치 금액 이상 납입한 경우 청약예금으로 변경 가능하다.

Q. 부모님이 청약통장에 가입하여 보유 중인 경우 세대원인 자녀가 청약통장에 가입할 수 있나요?

A. 청약통장(주택청약 종합저축) 가입 시 별도 제한이 없으며, 미성년자인 경우나 주택을 소유한 경우에도 주택청약 종합저축 가입이 가능하다. 단, 가입한 통장을 사용하여 주택에 청약하기 위해서는 신청하고자 하는 주택 유형·신청 자격별로 별도 요건이 필요하며, 미성년자인 경우에는 가입 기간을 최대 2년만 인정한다.

Q. 거주지가 변경되었을 때 청약예금 및 청약부금의 예치 금액은 언제까지 변경해야 하나요?

A. 청약 신청 전까지만 변경하면 된다. 가입 지역 변경 시 주민등록표등본을 발급받아 은행 창구를 방문해서 요청해야 한다. 단, 주민등록상의 거주지(주소)는 입주자 모집 공고일까지 변경되어 있어야 한다.

3기 신도시 관련

Q. 사전청약의 자격요건은 어떻게 되나요?

A. 기본적으로 무주택세대 구성원, 입주자 저축 가입, 해당 지역 거주 요건을 갖춰야 하며, 특별공급은 공급 유형에 따라 별도의 요건을 추가로 충족해야 한다. 특별공급은 신혼부부, 생애최초, 다자녀, 노부모 부양 등의 유형으로 구성되며 기존 청약제도와 동일한 요건이 적용된다

Q. 해당 지역에 거주하지 않아도 청약이 가능한가요?

A. 기본적으로 수도권 등 해당 지역에 거주 중이어야 사전청약이 가능하지만 의무 기간의 경우 청약 시점까지만 충족되면 최종적으로 입주 여부가 확정된다.

Q. 사전청약 시 소득 요건 등이 충족됐으나 본청약 시 연봉 상승 등으로 기준을 초과할 경우 어떻게 되나요?

A. 사전청약은 입주자 모집 공고 시점을 기준으로 소득 및 자산 등의 자격 요건을 심사하며, 사전청약 당첨자로 선정된 이후에는 소득 및 자산 요건을 추가로 심사하지 않는다.

Q. 사전청약 신청은 여러 번 할 수 있나요? 사전청약 당첨 후 다른 주택의 구입 또는 일반청약 신청이 가능한가요?

A. 사전청약 당첨자와 그 세대에 속한 사람은 다른 분양주택의 사전청약 신청이 제한된다. 다른 주택의 본청약 신청, 당첨 또는 주택 구입은 가능하나 이 경우 사전청약으로 당첨된 주택에는 입주할 수 없다.

Q. 사전청약 당첨 시 재당첨 제한 적용 여부는?

A. 사전청약 당첨자는 본청약 전까지 재당첨 제한을 적용받지 않으며, 본청약 시점에 최종 입주가 확정되면 재당첨 제한을 적용받게 된다.

세금 관련

Q. 1세대 1주택자가 2021년 4월 2일 분양권을 취득하는 경우 1세대 2주택에 해당되나요?

A. 2주택에 해당하나, 현재 조합원 입주권에 적용되는 일시적 2주택(1주택+1조합원 입주권) 비과세와 유사한 특례를 분양권(1주택+1분양권)에도 예외적으로 적용하도록 시행령에 규정할 예정이다. 2021년 1월 1일 이후 취득분부터 적용된다.

Q. 1주택자가 2년 미만 단기 보유 주택을 양도하는 경우 양도세 부담은 어떻게 달라지나요?

A. 양도 차익 5억 원을 가정하는 경우 1년 미만 보유한 주택을 2021년 6월 1일 이전에 팔면 산출 세액은 1억 9,900만 원, 이후에 팔면 3억 4,825만 원이다. 1억 4,925만 원의 차액이 발생한다. 2년 미만 보유한 주택을 같은 해 6월 1일 이전에 팔면 1억 7,360만 원의 세금만 내면 되지만, 이후에 팔면 2억 9,850만 원을 내야 한다. 1억 2,490만 원을 더 내는 셈이다.

Q. 조정대상지역에 있는 종전 주택의 취득일로부터 1년이 되기 전에 신규 주택을 취득하고, 다시 그날부터 3년 내 종전 주택을 양도하는 경우 2주택 중과세율을 적용되나요?

A. 종전 주택을 취득한 후 1년이 되기 전 신규 주택을 취득한 경우 일시적 2주택에 따른 1세대 1주택 비과세 대상은 아니나, 신규 주택 취득일부터 3년 이내 종전 주택을 양도하는 경우에는 중과세율을 적용하지 않는다.

Q. 미혼인 본인이 소유한 주택 1채를 임대하고, 부모님 소유 주택에서 거주하는 경우 임대소득세 과세 대상인가요?

A. 주택 임대소득 과세 대상 여부 판단 시 주택 수는 부부를 합산해 계산하고, 직계존비속이 소유한 주택 수는 포함하지 않는다. 따라서 미혼인 본인이 주택 1채만 소유하고 있다면 임대소득세 과세 대상에 해당되지 않는다. 기혼인 경우에도 본인과 배우자의 주택 수를 합산해 1채이면 마찬가지다. 다만 본인 소유 주택의 기준시가가 9억 원을 초과하고, 월세 임대 수입이 있는 경우에는 소득세가 과세된다.

Q. 이사 등으로 일시적으로 2주택을 소유한 경우에도 과세되나요?

A. 2주택 소유 기간의 월세 임대 수입은 소득세가 과세된다.

Q. 오피스텔을 임대한 경우에도 주택 임대소득 과세 대상인가요?

A. 오피스텔을 임차인이 상시 주거용으로 사용하는 경우 주택 임대소득이 과세된다. 주거용이 아닌 경우 상가 임대소득으로 소득세가 과세된다.

Q. 다가구 주택도 1채만 소유하고 있으면 비과세되나요?

A. 구분 등기되지 않은 다가구 주택 1채만 소유하고 있고, 기준시가가 9억 원을 초과하지 않으면 비과세된다.

Q. 주거용 오피스텔을 취득하는 경우에도 취득세가 중과되나요?

A. 오피스텔 취득 시점에는 해당 오피스텔이 주거용인지 상업용인지 확정되지 않으므로 건축물 대장상 용도대

로 건축물 취득세율(4%)이 적용된다.

Q. 1세대의 범위는?

A. 주민등록법 제7조에 따른 세대별 주민등록표에 함께 기재된 가족이다. 단, 배우자와 미혼인 30세 미만의 자녀는 세대를 분리해 거주하더라도 1세대로 간주한다.

Q. 미혼인 30세 미만인 자녀가 취업해 소득이 있는 경우라도 부모의 세대원에 포함되나요?

A. 해당 자녀의 소득(종합소득·퇴직소득·양도소득 등)이 국민기초생활보장법 제2조 제11호에 따른 기준 중위 소득(2020년 기준 1인 가구 중위 소득은 월 175만 원)의 40% 이상이며 분가하는 경우 부모와 구분해 별도의 세대로 판단한다. 단, 미성년자(만 18세 이하)인 경우에는 소득 요건을 충족하더라도 부모의 세대원에 포함된다.

Q. 부모님을 봉양하기 위해 세대를 합친 경우에는 다주택자가 되나요?

A. 30세 이상의 자녀, 혼인한 자녀, 소득이 중위 소득의 40% 이상인 30세 미만 자녀가 65세 이상의 직계존속(배우자의 직계존속 포함)을 동거 봉양하기 위해 같은 세대를 이루고 있는 경우에는 65세 이상 직계존속과 자녀 세대를 각각 별도의 세대로 간주한다.

Q. 분양권 및 입주권도 취득세가 중과되나요?

A. 분양권 및 입주권 자체가 취득세 과세 대상은 아니다. 추후 분양권 및 입주권을 통해 실제 주택을 취득하는 시점에 해당 주택에 대한 취득세가 부과된다. 다만 승계 조합원의 경우 입주권 취득 시 해당 토지 지분에 대한 취득세가 부과된다. 또 주택이 준공되기 전이라도 분양권 및 입주권은 주택을 취득하는 것이 예정돼 있으므로 소유 주택 수에는 포함된다. 이는 2020년 8월 12일 이후 신규 취득분부터 적용된다.

나의
첫 번째
부동산